ジャスティン先生が教える
英語ネイティブ
たちの
ビジネス英会話

ネイティブだから書ける、
英語圏のビジネス英語と
ビジネススキル

クロスメディア・ランゲージ

はじめに

　はじめまして、ジャスティン・マシューズと申します。私は長年、英語講師として言語学習に携わり、多くの生徒さんの変化を見ながら、「外国語を話す自信がついてくると、話すことが楽しくなる」ことを実感してきました。私がカナダの大西洋に面した生まれ故郷を離れ、日本で英語教師としての人生を始めようと決意したのも、自分自身の日本語学習の喜びが原動力となりました。言語学習は、心地のいい場所から未知の世界へと踏み出すダイナミックな挑戦です。ちょっと背伸びをして外国語で話そうとするのは楽なものではありませんが、この環境が、自分を成長させ強くしてくれるのです。

　私は、日本人の英語学習者の皆さんをとても尊敬しています。日本の文化や言語は非常に独特なもので、日本語は英語とはまったく違いますが、多くの生徒さんが恥ずかしさや不安を乗り越え、自信と喜びをもって英語を話す姿を見てきました。教師として、これは本当に励みになることです。

　本書では、ビジネスの場面で使われる英語を、できるだけリアルな場面で紹介することを心がけました。会話を中心とするストーリーはあくまでフィクションですが、各章のトピックや会話は、私がこれまでビジネスの場面で遭遇してきた北米のネイティブスピーカーの話し方をもとにしたものです。英語のネイティブスピーカーが実際に使う単語や表現を本書にできるだけ盛り込みました。

　また、ニューヨークはビジネスの中心地として世界中から人々が集まる場所です。私はこれまで何度となくニューヨークを訪れ、この街の持つパワーに魅了されてきました。そこで、本書のストーリーの舞台をニューヨークとすることに決めました。

　本書が、読者の皆さんがビジネス英語独特の用語や表現について理解を深め、欧米のビジネス文化について学ぶ助けとなれば幸いです。ビジネス英語とビジネスの文化は広範囲にわたるトピックであるため、すべてを1冊に収めるのは不可能ですが、私が選んだトピックの中から、参考になるものを見つけていただけると嬉しいです。

　最後に、言語学習は楽しいものだということを忘れないでください。ぜひ、間違いを恐れず、英語で積極的に話していきましょう。外国語で自信を持って話すことで得られる喜びを、ぜひ味わってみてください。

Justin Matthews（ジャスティン・マシューズ）

For my family. Their support made this book possible.

CONTENTS

はじめに ……………………………………………………………… 3
本書の特徴 ……………………………………………………………… 10
音声データの無料ダウンロード ………………………………………… 11
本書の登場人物 ………………………………………………………… 12
ARE YOU READY? ……………………………………………………… 14

Chapter *1* 応募と面接

Episode 1.1 ニューヨークの企業の求人情報を見て ……………… 16
Cultural Note 仕事を探す ………………………………………… 19
● 履歴書 ……………………………………………………………… 20
Cultural Note フォーマル vs 丁寧 ……………………………… 22

Episode 1.2 ニューヨークでの最終面接 ……………………… 24
● 受付での会話 ……………………………………………………… 28
　受付でよく使われる表現　28　　　　会社に来た用件を述べる　29

Episode 1.3 面接にて ………………………………………… 30
● フォローアップの E メール ……………………………………… 34
● 不採用を知らせる E メール ……………………………………… 34

Episode 1.4 採用の電話 ……………………………………… 36
Cultural Note 採用担当者と連絡を取り続ける ………………… 40
WATERCOOLER TALK 戦略的な履歴書の書き方 ……………… 41
WATERCOOLER TALK 会社との給与交渉 ……………………… 41

Chapter *2* 自己紹介

Episode 2.1 新しい職場への初出勤 ………………………… 44
● 挨拶の表現 ………………………………………………………… 47
　自己紹介と返答　47　　　　　　　日常の挨拶　48
　歓迎の表現　48　　　　　　　　　職種を含めた自己紹介　49
● 会社の組織構造と部門 …………………………………………… 50
● テキストメッセージでの略語 …………………………………… 51
Cultural Note 採用への道 ……………………………………… 53

Episode 2.2 同僚との距離を縮める休憩時間 ……………… 54
● 相槌 ………………………………………………………………… 59

最後の数語を繰り返す　59　　　　相槌の音声　60

WATERCOOLER TALK Onboarding（オンボーディング） ……………………… 61

Chapter 3 会議

Episode 3.1 マーケティングチームのミーティング ………… 64

- 同意する / 同意しない ……………………………………………………… 68
- グラフ ………………………………………………………………………… 69
- グラフの説明に使える便利な表現 ……………………………………… 71

  結論を出す　71　　　　データを参照する　72　　　　グラフに関して質問する　73

  Cultural Note 個人主義と集団主義 ……………………………………… 73

Episode 3.2 マーケティングプランのアイデア出し …… 74

- 残業 …………………………………………………………………………… 77

  残業に関して尋ねる　77

  Cultural Note 企業文化 …………………………………………………… 77

Episode 3.3 キャッチフレーズ決定 ……………………… 78

- 説得する ……………………………………………………………………… 81

  共通の土台を確立する　81　　　　質問の語尾　81

- 気軽な質問と丁寧な質問 …………………………………………………… 83

  直接的な質問の例　84　　　　間接的な質問の例　85

  質問や意見を聞く前に挟むカジュアルな表現　86

  WATERCOOLER TALK 文化によって異なるコミュニケーションスタイル ………… 87

Chapter 4 出会い

Episode 4.1 偶然の出会い ………………………………… 90

- ビジネスでのコミュニケーション ………………………………………… 93

  警告する　93　　　　感謝する　93　　　　お礼に対して謙遜する　94

  謝罪する　94　　　　誤解を解く　95

Episode 4.2 コーヒーショップでの雑談 …………………… 96

- コーヒーでもどうですか──カジュアルなビジネスミーティング ……… 99

  将来いつか、一緒にコーヒーを飲もうという一般的な誘い　99

  今すぐ一緒にコーヒーを飲もうという誘い　99

  他の人のためにコーヒーを注文するときの質問　99

- 聞き手や状況に応じた話し方 ……………………………………………… 100

  面識のない人やクライアント、上司と話す　100　　　　同僚と話す　101

Cultural Note ビジネスでの謝罪の種類 103

WATERCOOLER TALK ボディランゲージとマナー 104

Chapter **5** ネットワーキング（人脈作り）

Episode 5.1 同僚の突然の退職 108
- 辞表 112
Cultural Note 友好な関係で退職する 115
Cultural Note 職場での不適切な言葉 115

Episode 5.2 大手企業の CEO との出会い 116
- ネットワーキングの際に使えるフレーズ 120
 共通の知人について言及する　120　　　　　　他の人を紹介する　120
 連絡先の情報を集める　120

Episode 5.3 メーカーの CEO との会話 122
- 競合他社のことを肯定的に話す 125

Episode 5.4 新規顧客開拓 126
- 仕事以外のネットワーキング 129
 自分は人とつながることに意欲的だと伝える　129　　連絡先を教える　129
- ネットワーキングのためのメッセージ 130
WATERCOOLER TALK デジタル時代のビジネスにおけるネットワーキング 131

Chapter **6** 人事考課

Episode 6.1 上司との人事考課 134
- チームでの成功を語る 137

Episode 6.2 今後の目標 138
- 時間稼ぎに使えるフレーズ 141
- 感謝の気持ちを伝える 142
Cultural Note 褒め言葉に反応する 143

Episode 6.3 元同僚について 144
Cultural Note フリーランスという働き方 147

Episode 6.4 上司との再度の面談 148

- 昇給の通知 ……………………………………………………………152
- *WATERCOOLER TALK* 昇給の交渉 ………………………………153

Chapter **7** 顧客サービス

Episode 7.1 ミーティングを切り上げて ……………………156
- バイリンガリズム ……………………………………………………159
    - 面接の際に　159　　　　　　　普段の生活では　159

Episode 7.2 取引先の心変わり ……………………………160
- 顧客への E メール ……………………………………………………164
    - E メール 1：トラブル対応　164　　　　E メール 2：フォローアップ　166
- 英語に訳しにくい日本語の決まり表現 ………………………………167
- *Cultural Note* 英語以外の言葉をあえて使う …………………………168
- *Cultural Note* お客様は常に正しいですが… …………………………169

Episode 7.3 新たな見込み顧客とのアポイント ………170
- 電話での話し方 ………………………………………………………173
- *Cultural Note* 電話を切る ……………………………………………176
- ダメージコントロール ………………………………………………177
- *WATERCOOLER TALK* 留守番電話のメッセージ ……………………178

Chapter **8** 職場での課題

Episode 8.1 打ち合わせ先のオフィスへの訪問 …………182
- ホスピタリティ ………………………………………………………185
    - 人を歓迎する　185　　　　物を提供する　185　　　　人を待たせる　185

Episode 8.2 打ち合わせ開始 ……………………………186
- 打ち解けるための会話のきっかけ …………………………………190
    - 天気　190　　　　部屋　190　　　部屋の中の物　191　　　人　191
- *Cultural Note* 外見に関するコメント ………………………………191

Episode 8.3 元同僚との再会 ……………………………192
- 対立を避ける …………………………………………………………195
    - 誰かが怒っているとき　195　誰かがあなたの言ったことに動揺しているように見えるとき　195

Episode 8.4 同僚を落ち着かせる ………………………196

- 同僚の不満に対応する ……………………………………………… 199
  - **戦略１：同情の言葉と文末表現　199**　　**戦略２：励ましの言葉　200**
  - *Cultural Note*　職場で不平を言う ………………………………… 201
  - *WATERCOOLER TALK*　問題をポジティブに捉えるための戦略 ……… 202

Chapter 9 オファー・提案

Episode 9.1　月曜日朝のミーティング ……………………………… 204
- フォローアップ ……………………………………………………… 207
  - **基本的な文　207**　　**フォローアップを依頼する　207**

Episode 9.2　ヘッドハンティング ………………………………… 208
- オファーする ………………………………………………………… 211
  - **オファーの拒否　211**　　**はっきりさせる　212**
- *Cultural Note*　職場で怒りを表す ………………………………… 213
- *WATERCOOLER TALK*　欧米における「先輩と後輩」の関係 ………… 214

Chapter 10 プレゼンテーション

Episode 10.1　展示会のための社内プレゼンテーション ………… 216
- オフィス不在（OOO = out-of-office）の通知メール ……………… 219
- *Cultural Note*　社内チャットのステータス表示と絵文字の使い方 … 219

Episode 10.2　プレゼンテーションは続く ……………………… 220
- プレゼンテーションの表現 ………………………………………… 223
  - **プレゼンテーションの開始と紹介　223**　　**スライドに言及する　223**
  - **問題に対応する　224**　　**質問する、回答する、質問を受けつける　224**
- 注意を促す声のかけ方 ……………………………………………… 226
  - **同僚や部下に向けて話す　226**　　**上司や顧客に向けて話す　226**
- *Cultural Note*　騒がしい部屋で注目を引く ……………………… 227

Episode 10.3　プレゼンテーションは大詰め ……………………… 228
- 休憩のリクエスト …………………………………………………… 231

Episode 10.4　質疑応答 …………………………………………… 232
- プレゼンテーション中に質問する ………………………………… 235
  - **質問をする許可を求める　235**　　　　**説明を求める　236**
- *WATERCOOLER TALK*　リモートの会議やプレゼンテーションで使える表現 ………… 237

Chapter 11 出張と商談

Episode 11.1 飛行機でロサンゼルス出張 ·········· 240
- 誇張する ·········· 243
  - 量を誇張する : hundreds, thousands, millions, etc. 243
  - 最上級表現 : the best/most ... in the world/universe, in history 243

Episode 11.2 搭乗ゲートでの待ち合わせ ·········· 244
- 空港ラウンジ ·········· 247
- *Cultural Note* チップ ·········· 247

Episode 11.3 ホテルのチェックイン ·········· 248
- ホテルのフロントへの問い合わせ ·········· 251

Episode 11.4 商談前の最終確認 ·········· 252

Episode 11.5 商談相手の展示ブースで ·········· 256
- 旅行の語彙と表現 ·········· 259
  - 空港の語彙 259   ホテルの語彙 262
- ミーティングのスケジュール ·········· 264

Episode 11.6 大事な見込み顧客との商談 ·········· 266
- *Cultural Note* 仕事後の同僚とのつき合い ·········· 269

Episode 11.7 商談の成功 ·········· 270
- 企業の価値観に合わせて話し方を調整する ·········· 274
  - 手段 1 : コアバリューの選定 274   手段 2 : 同義語を考える 275
  - 手段 3 : 実践方法のカスタマイズ 275
- *WATERCOOLER TALK* 人間関係構築の重要性 ·········· 276

Chapter 12 1年を振り返って

Episode 12.1 出張の帰り道 ·········· 278
- 同僚への褒め言葉 ·········· 281
- *Cultural Note* 旅行のお土産 ·········· 281
- *WATERCOOLER TALK* 職場で多言語を使用する利点 ·········· 282

INDEX ·········· 283

本書の特徴

本書の目的

　本書『ジャスティン先生が教える　英語ネイティブたちのビジネス英会話』は、ビジネス英語に関連する便利な単語や表現を紹介する本です。ダイアローグを通して楽しく学習できます。物語は登場人物同士の会話を通して展開され、**実際に英語圏の会話で使われている英語表現**を紹介しています。主人公は、日本からアメリカのビジネス社会へ飛び込んだ日本人です。文脈の中でさまざまな新しい表現が登場します。ストーリーには文化に関する興味深いヒントも盛り込まれており、読者の皆さんは英語圏のビジネスの習慣や慣行に驚くかもしれません。ビジネスの世界はシリアスな場面もありますが、本書で楽しく学ぶことができます。

本書の構成

Chapter:

本書は 12 の章に分かれています。各章でビジネス英語のさまざまな場面に焦点を当てます。ダイアローグを通して、自然な文脈の中で英語表現や文化を紹介します。

STORY:

各項目のメインとなる部分です。ストーリー内の登場人物の会話をダイアローグ形式で紹介します。Chapter 1 の 1 つ目のダイアローグは Episode 1.1、2 つ目のダイアローグは Episode 1.2、のように見出しがついています。
各ダイアローグは、英語と日本語訳が見比べられるレイアウトになっています。

LANGUAGE FOCUS:

ダイアローグの太字の表現に関する説明を示します。

OVERTIME:

ダイアローグで取り上げたテーマをさらに深く学べます。便利な表現、語彙リスト、E メールや書類のテンプレートなど、さまざまなコンテンツを掲載しています。

Cultural Note:

Cultural Note は OVERTIME の中にあり、ビジネス英語に関する文化的トピックを説明するコーナーです。ダイアローグと同様に、英語圏でのビジネスに役立つ情報を紹介しています。

WATERCOOLER TALK:

章の最後にあるコラムです。ビジネス英語や、英語圏でのビジネスの習慣業務に関連するさまざまなトピックを紹介します。

音声：

🔊 Track 01 のマークがついた箇所は、音声ファイルをご用意しています。スクリプトを目で追いながら音声を聴き、ナレーターの発音とイントネーションを真似してみましょう。ストーリーの内容をより一層楽しむことができます。

音声データの無料ダウンロード

　　本書『ジャスティン先生が教える　英語ネイティブたちのビジネス英会話』に対応した音声ファイル（mp3ファイル）を下記URLから無料でダウンロードすることができます。ZIP形式の圧縮ファイルです。

https://www.cm-language.co.jp/books/justinsensei/

　　また、AI英語教材「abceed（エービーシード）」（https://www.abceed.com/）で本書のタイトルを検索して、音声を聴くこともできます。

　　本文で紹介している英文を収録しました。ナチュラルなスピードでの、アメリカ英語のナレーションです。

ダウンロードした音声ファイル（mp3）は、iTunes等のmp3再生ソフトやハードウエアに取り込んでご利用ください。ファイルのご利用方法や、取込方法や再生方法については、出版社、著者、販売会社、書店ではお答えできかねますので、各種ソフトウエアや製品に付属するマニュアル等をご確認ください。
音声ファイル（mp3）は、『ジャスティン先生が教える　英語ネイティブたちのビジネス英会話』の理解を深めるために用意したものです。それ以外の目的でのご利用は一切できませんのでご了承ください。

本書の登場人物

ここで物語の登場人物を紹介します。

田中潤

本書の主人公で、滋賀県出身の30歳のデジタルマーケティングスペシャリスト。大学卒業後、大阪にてマーケティングでキャリアを築き始め、東京に移り広告会社に勤務。自分の限界に挑戦したいと考え、若い頃から英語を学び、今では自信を持って話せるようになった。それを機に、アメリカで働くことを考えるようになった。

ローレン・スミス

ニューヨークのJMKY Marketingの開発チームで働くマーケティングアシスタント。25歳。大学卒業後すぐに、今の上司のデボラのもとで働き始めた。勤勉だが、将来管理職に就く前に、まだまだ学ぶことは多いと認識している。ローレンはキャリアを前進させ、いつか世界を見たいと思っている。

チャールズ・プレスコット

JMKY Marketingで働くブランディングスペシャリスト。34歳。地元の業界でその名前を確立した後、JMKY Marketingにヘッドハントされ、新しい顧客を獲得し、会社の知名度を高めた。やり手のビジネスパーソンで、素晴らしい成果を出すために常に創造力の限界を押し広げている。40歳までに上級管理職に就くことが目標である。

デボラ・リッチモンド

JMKY Marketingのマーケティング担当マネージャー。54歳。JMKY Marketingには12年間勤務し、マーケティング業界に精通している。相手の性格を判断するのに長けており、時折リスクを取ることを恐れない。彼女のリーダーシップのもとでチームは成長を続けており、さらに全国へ展開を広げたいと考えている。

その他の登場人物

ケビン・ペラー

高級時計を扱うPeller TimepieceのCEOの三代目。60歳。自社がデザインする時計とお客様とのつながりを重要視している。ゴルフ好き。

コリン・マテソン

自動販売機会社のCEO。55歳。彼は自分のビジネスに情熱を持っており、他の市場にも進出することを熱望している。

クック氏

ブルックリンに拠点を置く中規模の衣料品会社、LeadStar America Clothingのマネージャー。41歳。

ダニエル・ラドウェルとクリス・マーフィー

JMKY Marketingのオフィススタッフ。

庄司あゆみ

新宿にあるTokyo AD LABの社員。

ジョシュ・ルイス

ニューヨークにあるオーガニック食品会社のマネージャー。

ビル・ジョンソン

ニューヨークにある会社のマネージャー。彼は広告代理店に手助けを求めている。

その他

その他、物語の中には、街中で出会った人々や他の企業のスタッフなどが登場する。

ARE YOU READY?

英語学習のモチベーションと英語力に対する自信

モチベーション：

英語学習は非常に面白いものです。しかし、外国語で話すことに不安を感じることもあるかもしれません。特に、学んでいる表現を使う機会がめったにない場合はなおさらです。まったくの初学者であれば、進歩を実感するのは早いこともありますが、中級になると、語学力が停滞しているように思うかもしれません。しばらくの間、伸び悩んでいると感じる時が続くかもしれませんが、その後突然、英語力が飛躍的に伸びたように感じる時が来ます。言語学習者として上達を続けるために、次の3つの重要な考え方を覚えておきましょう。

1. **英語を学んでいる理由を理解する**
   なぜ英語を学んでいるのかを明確にすることで、忍耐強く学び続けることができます。
2. **英語を勉強し続ける**
   長時間勉強して三日坊主で終わってしまうより、毎日少しずつ勉強を続けるほうが、語学力が身につきます。たとえ数分間であっても、毎日続けましょう。
3. **学習したことを使う**
   学んだことをアウトプット（ライティングとスピーキング）して、しっかり定着させます。

自信：

英語学習者の皆さんの多くが、英語を使う自信がないようです。あなたもそうですか？　それなら、次のように考えてみましょう。あなたが英語を「完璧に」しゃべることなど誰も期待していません。完璧な自分を求めても疲れてしまいます。目標は、自分の考えや気持ちを伝え、相手から理解されることです。相手があなたを理解できれば、成功です。また、相手はあなたに興味があり、何を言おうとしているのかを知りたがっているということを忘れないでください。ですから、リラックスしましょう。英語ができる・できないに関係なく、英語で発信してみましょう。少し緊張するかもしれませんが、やって良かったと思えるはずです。一緒に頑張りましょう！

Chapter

応募と面接

Chapter 1 では、東京の広告会社に勤務する田中潤が登場します。潤は海外で働くという大きな計画があり、自分にぴったりと思える仕事を見つけました。英語で応募して担当者の目を引くことはできるでしょうか？　では、見てみましょう！

STORY

EPISODE 1.1 Track 01
ニューヨークの企業の求人情

It's Friday night after work. At a tiny restaurant in Shinjuku, Jun Tanaka and his co-worker and best friend, Ayumi Shoji, sit along the narrow counter, finishing a plate of gyoza. Jun is scrolling through his phone.

	Jun	Wow, look at this! It's the perfect job!
	Ayumi	Oh?
	Jun	Yeah! It's a digital marketing specialist position. It's at an advertising agency in Manhattan.
	Ayumi	Manhattan?
	Jun	That's right! Let me read the key responsibilities. It says, "The digital marketing specialist will manage social media campaigns, write and proofread copy, design advertisements, and conduct research." That's great!
	Ayumi	Yes, that's interesting. What are the qualifications?
	Jun	Okay, let's see. The position requires a bachelor's degree in marketing or a related field, and 10 years of experience. Proficiency in video and photo editing software is also required. English is required. The ability to speak another language is an asset, but not required.
	Ayumi	Well, you can speak English and Japanese. But do you have 10 years of experience?
	Jun	No. But I can do this job. I know it!
	Ayumi	What's the salary?

STORY

報を見て

仕事を終えた金曜日の夜です。新宿の小さなレストランで、田中潤と同僚で親友の庄司あゆみが狭いカウンターに座り、ひと皿の餃子を食べ終えようとしているところです。潤がスマートフォンをスクロールしています。

潤 これ見て！　この仕事、完璧だ！

あゆみ どれどれ？

潤 ほら！　デジタルマーケティングスペシャリストの求人だよ。マンハッタンにある広告代理店の。

あゆみ え、マンハッタン？

潤 そう！　主な職務はこんな感じ。これによると、「デジタルマーケティングスペシャリストは、ソーシャルメディアキャンペーンの運営、広告文の作成と校正、広告のデザイン、リサーチを行います」。素晴らしい。

あゆみ 確かに面白そうだけど、応募資格は？

潤 ええと、必須条件は、マーケティングまたは関連分野の学士号と業務経験10年以上があること。動画や写真の編集ソフトウェアにも習熟していることが必要で、英語力も必要。その他の言語が話せるといいが、必須ではない。

あゆみ まあ、潤は英語と日本語が話せるよね。でも10年も経験があるの？

潤 経験はないけど、この仕事は自分にできると思う。絶対！

あゆみ お給料はいくら？

---

1 応募と面接

2 自己紹介

3 会議

4 出会い

5 ネットワーキング

6 人事考課

7 顧客サービス

8 職場での課題

9 オファー・提案

10 プレゼンテーション

11 出張と商談

12 一年を振り返って

17

STORY

Jun	Hmm... it's not listed here. But based on the description, it's probably a step up from my current job.
Ayumi	But are you willing to move to America for a job? You don't know anyone there!
Jun	Look, Ayumi, I've gone as far as I can go at our company. I need a change—a big change. This job might just be my ticket. I need to take the chance.
Ayumi	I guess I can't stop you. Well, you'd better apply! And hey, I can visit you in Manhattan, right?

潤	うーん… ここには載ってない。でも、説明からすると、おそらく今の仕事からのステップアップだと思う。
あゆみ	でも仕事のためにアメリカに引っ越す気はあるの？　誰も知り合いがいないのに！
潤	あゆみ、今の会社ではできる限りのことをしてきたんだ。変化が必要なんだよ、それも大きな変化が。この仕事はまさに必要としてたものなのかもしれない。このチャンスを逃すわけにはいかないんだ。
あゆみ	あなたを止めることは無理そうね。それなら、応募したほうがいいわ！　それに、私もマンハッタンに遊びに行けるよね？

LANGUAGE FOCUS

- **required:** 「必要である」。必要なスキルと能力は通常、求人広告の「応募資格」の項目に記載されています。
- **asset:** 必須ではないが、あると役に立つと考えられるスキルや能力、歓迎するスキルや能力
- **step up:** ステップアップ、アップグレード
- **ticket:** 必要なもの、適切なもの

Cultural Note

仕事を探す

　仕事探しを始めたばかりの人も、転職を考えている人にも、北米で求人情報を調べるためのさまざまな方法があります。

オンライン求人サイト：求人情報を掲載することに特化した求人サイトは最も一般的です。求人サイトにのみ求人広告を掲載する企業もあります。募集されている職種を知るには良い情報源になりますが、求人サイトだけに頼って仕事を探すのにはデメリットがあります。というのも、求人サイトに掲載された求人には多くの応募があるため、競争率が高いからです。

企業のウェブサイト：多くの企業が会社の公式ウェブサイトに直接採用情報を掲載しています。通常、Careers、Jobs、Employment、Join Our Team、Work With Us などの名前がついたセクションに採用情報が掲載されています。

ネットワーク：知り合いから募集ポジションについて連絡が来ることもよくあります。ネットワークでつながっている人からの推薦により、面接に進んだり、採用担当者に注目されたりする確率が高まります。ネットワーキングについては Chapter 5（→ p. 120）で詳しく説明します。

直接連絡する：ネットワーキングの一面として、採用責任者、会社経営者、部長などに直接連絡を試みることがあります。重要な decision-makers（意思決定者）に接触すれば特別な注目を集めることができ、stand out from the pack、つまり自分を際立たせるための優れた方法となります。

就職フェア：大学や専門学校では、employment fairs（就職フェア）、つまり企業の求人広告や人材のスカウトを目的とした特別イベントがよく行われます。特に需要の高い業界では、社会人向けの就職フェアも開催されます。このようなイベントは、求職者が企業に接触する第一歩となります。企業がその場で面接を行うこともあります。また、応募方法の詳細を告知するのも一般的です。

履歴書

履歴書のサンプルを見てみましょう。このフォーマットには、次の4つの項目が必要です。応募者について説明する①「職歴概要」、資格について詳細に記述する②「スキルと能力」、および募集されている職務に関連する③「職歴」、関連する④「学歴と資格情報」です。

Jun Tanaka

8 Chome1-2 Hikarigaoka • Nerima City • Tokyo, 179-0072 • j-tanaka@email.com

PROFESSIONAL SUMMARY①: Highly motivated marketing professional with many years of experience working with mid-sized advertising agencies throughout Japan. Passionate about marketing and client satisfaction.

SKILLS & ABILITIES②

- Photo & video editing
- Copywriting, editing, proofreading
- Market research
- Bilingual (Japanese/English)
- HTML, CSS, Java
- Project management

WORK EXPERIENCE③

Social Media Manager – Tokyo AD LAB
March 2017 – Present / Tokyo, JP
- Manage social media presence and create targeted advertising
- Lead teams to design photos and videos for web
- Utilize web analytics to manage ad campaigns
- Perform prospecting calls and prepare targeted marketing plans
- Measure ROI and track performance for all campaigns

Webmaster & Content Creator – POP Marketing Consultants
May 2015 – March 2017 / Osaka, JP
- Managed company website and social media
- Produced ad copy and proofread digital material
- Prospected for clients within the Kansai region
- Increased company YOY profit by 10% within the first year

Shift Manager – Social Tea Café & Bakery
June 2012 – May 2015 / Otsu, JP
- Managed café operations and staff
- Performed staff evaluations and interviewed new candidates

VOLUNTEERING

Coding Instructor – Tokyo Coding Camp
June 2016 – Present / Tokyo, JP
- Teach coding classes to youth groups

EDUCATION & CREDENTIALS④

June 2016, Marketing Expert Certification, GRFX Labs / Tokyo JP
Nov 2015, Bachelor of Commerce (Marketing), Omi University / Shiga JP

OVERTIME

田中潤

179-0072 東京都練馬区光が丘8丁目1–2 • j-tanaka@email.com

職歴概要①：日本の中規模広告代理店で長年マーケティング担当者として勤務した経験があります。 マーケティングと顧客満足を目標に取り組んできました。

スキルと能力②

- 写真と動画の編集
- 広告文の作成、編集、校正
- 市場調査
- バイリンガル（日本語／英語）
- HTML、CSS、Java
- プロジェクト管理

職歴③

Tokyo AD LAB　ソーシャルメディアマネージャー

2017 年 3 月〜現在／東京

- ソーシャルメディアを管理し、ターゲットを絞った広告を作成
- Web用の写真と動画をデザインするチームのリーダー
- Web分析を利用して広告キャンペーンを運営
- 見込み顧客に電話営業を行い、ターゲットを絞ったマーケティング計画を作成
- ROI を測定し、すべてのキャンペーンのパフォーマンスを追跡

POP Marketing Consultants　ウェブマスターおよびコンテンツ作成者

2015 年 5 月 〜 2017 年 3 月／大阪

- 会社の Web サイトとソーシャルメディアを管理
- 広告文の作成、デジタル素材の校正
- 関西圏の見込み顧客の獲得
- 初年度に会社の利益が前年比 10％ 増

Social Tea Café & Bakery　シフトマネージャー

2012 年 6 月〜 2015 年 5 月／大津

- カフェの運営とスタッフの管理
- スタッフの評価、応募者の面接

ボランティア

Tokyo Coding Camp　コーディングインストラクター

2016 年 6 月〜現在／東京

- コーディングクラスで若者向けに指導

学歴と資格情報④

2016 年 6 月　マーケティングエキスパート認定、GRFX Labs／東京
2015 年 11 月　商学（マーケティング）の学士号、近江大学／滋賀

　③の職歴では、箇条書きを使うとわかりやすくなります。さらに、箇条書きの各文をactive verb（能動態の動詞）で始めると、自分が達成した成果に対して読み手の注意を引くことができます。職歴では、受動態の表現を使わないようにしましょう。

- **Developed** a training course for new sales staff
  新人営業スタッフ向けのトレーニングコースを開発した
  [NG] A training course <u>was developed</u> for new sales staff
  新人営業スタッフ向けのトレーニングコースが開発された

文章のはじめに置いて使う能動的な動詞の例を示します。

Achieved 達成した	Created 作成した	Designed 設計した	Developed 開発した
Evaluated 評価した	Exceeded 上回った	Implemented 実装した	Increased 増加した
Led 率いた	Managed 管理した	Negotiated 交渉した	Organized 組織した
Prepared 準備した	Represented 代表した	Sold 販売した	Trained 訓練した

注：以前の仕事について説明する際は、動詞の過去形を使いますが、現在の仕事やその他継続して行っている業務については、現在形を使います。ただし現在の仕事でも、一度きりの特定の業績については、過去形を使います。見た目を考えて、一度きりの業績についてはまとめて記述するといいでしょう。

Cultural Note

フォーマル vs 丁寧

　第一印象は重要です。First impressions count.（第一印象が大切）やmake a good first impression（良い第一印象を与える）という表現は、第一印象の重要性を表しています。フォーマルな話し方をすることは他の人に良い印象を与えると考える人もいますが、英語のフォーマルさと丁寧さには違いがあります。「フォーマルさ」と「丁寧さ」の概念の違いについて見てみましょう。

フォーマルな話し方：状況にふさわしい、正式な言い回しを使った話し方。

丁寧な話し方：他者への優しさと敬意を伝える話し方。

　単にフォーマルな表現を繰り返すだけでは、不誠実で信憑性がないように聞こえることがあります。以下の違いに注目してください。

例1：

フォーマル：It is my pleasure to make your acquaintance.（お会いできて光栄です）

丁寧：It's a pleasure to meet you.（お会いできて嬉しいです）

例2：

フォーマル：How may I be of assistance?（何かお役に立てることはありますか？）

丁寧：How may I help you?（何かご用ですか？）

　どちらの例も、日常生活でフォーマルな表現が使用されることはほとんどありません。丁寧な表現のほうが誠実な気持ちが伝わります。フォーマルではなく丁寧であることに焦点を合わせると、より自然な話し方になります。丁寧に聞こえるように話す簡単な方法の1つは、過度にカジュアルな表現を避けることです。以下の例を見比べてください。

カジュアル	丁寧
Yeah, the team needs more time. うん、チームにはもっと時間が必要だ。	**Yes**, the team needs more time. はい、チームにはもっと時間が必要です。
I **wanna** talk to you later. 後で話せるかな。	I**'d like to** talk to you later. 後でお話しできますか。
Nope, that's not the customer's name. 違う、それは顧客の名前じゃないよ。	**No**, that's not the customer's name. いいえ、それは顧客の名前ではありません。
Let's finish later, **K**? 後で終わらせよう、いい？	Let's finish later, **alright**? 後で終わらせましょう、いいですか？
Can I have more time? もう少し時間をくれる？	Can I have more time, **please**? もう少し時間をいただけますか？

　最後に覚えておいていただきたいのは、英語の丁寧表現がわからない場合、声のトーンによって親切心や丁寧さを聞き手に伝えることができるということです。こう考えれば、そんなにプレッシャーを感じる必要がなくなります。

EPISODE 1.2
ニューヨークでの最終面接

It's Monday morning. After a lot of preparation and research, Jun finally applied for the position. Passing the online pre-screening interviews was challenging, but he was eventually invited to an in-person interview. Now, over two months later, Jun is stepping into the lobby of JMKY Marketing in Manhattan, New York City, America.

Receptionist Hello, how can I help you?

Jun Good morning, I'm here for an interview with Ms. Richmond at 10 o'clock. My name is Jun Tanaka.

Receptionist Please take a seat, Mr. Tanaka. Ms. Richmond will be with you shortly.

Ten to fifteen minutes later…

Deborah Good morning! You must be my 10 o'clock appointment. I'm Deborah Richmond, the manager of marketing here.

Jun Good morning! My name is Jun Tanaka. It's a pleasure to meet you, Ms. Richmond!

Deborah Call me Deborah. Why don't you follow me? We can chat in my office right over there. Please, have a seat.

Jun Thank you for meeting with me today. I was very happy when I received the invitation for an interview.

Deborah Well, it's not every day we get applications from Japan. Did you have a good flight?

Jun Yes, it was fine. I actually enjoyed it.

STORY

月曜日の朝です。準備とリサーチを重ねた結果、ついに潤は求人に応募しました。オンラインの事前審査の面接に合格するのは簡単ではありませんでしたが、最終的に対面での面接に招待されました。応募してから2カ月と少し経った今、潤はニューヨークのマンハッタンにある *JMKY Marketing* のロビーに足を踏み入れます。

受付係　こんにちは、ご用件をお伺いいたします。

潤　おはようございます。10時のリッチモンド様と面接のお約束をしております。田中潤と申します。

受付係　田中様、おかけになってお待ちください。リッチモンドがすぐにまいります。

10〜15分後…

デボラ　おはようございます！　10時のお約束の方ですね。マーケティングマネージャーのデボラ・リッチモンドです。

潤　おはようございます！　田中潤と申します。お会いできて嬉しいです、リッチモンドさん。

デボラ　デボラと呼んでください。こちらへどうぞ。すぐそこの私のオフィスでお話ししましょう。どうぞおかけください。

潤　今日はお会いいただきありがとうございます。面接のご招待をいただいて、とても嬉しかったです。

デボラ　日本からの応募はそうありませんからね。フライトはいかがでしたか？

潤　まったく問題なく、楽しめました。

25

Deborah   I guess you're different from me! I can never sleep. So, I've looked at your résumé. Very impressive. But I'd like to get to know you a bit. Tell me about yourself.

Jun   Sure. I'm a digital marketing specialist with expertise in market research. Currently, I'm working at a major firm in Tokyo where I'm the social media manager. After graduation, I worked at a start-up in Osaka where I managed the company website. I was responsible for writing and proofreading ad copy and prospecting for new clients. I applied for this position because I want to work for a dynamic company where I can use my skills. I'm aware this position requires knowledge of social media advertising and SEO. I think my skills and experience match these requirements.

 デボラ   私はあなたと違って、フライトは苦手なんです。全然眠れなくて。履歴書を拝見しましたが、素晴らしいですね。ですが、あなたについてもう少し知りたいと思います。まず、自己紹介をお願いします。

 潤   承知しました。私は、マーケティングリサーチを専門とするデジタルマーケティングスペシャリストです。現在は東京の大手企業で、ソーシャルメディアマネージャーとして働いています。卒業後、大阪にあるスタートアップ企業で会社のウェブサイトを管理しました。そこでは、広告文の作成と校正、また新規顧客の獲得も担当しました。自分のスキルを活かせるダイナミックな会社に就職したいと思い、今回のポジションに応募しました。このポジションでは、ソーシャルメディア広告とSEOに関する知識が求められており、私のスキルと経験はこうした要件を満たしていると思います。

STORY

LANGUAGE FOCUS

● **You must be my 10 o'clock appointment.:** この文でmy 10 o'clock appointmentとは、「10時に会う予定の人」を意味します。

● **It's a pleasure to meet you.:** 初対面の際によく使われる表現です。他にも I'm pleased to meet you. やNice to meet you. などがよく使われます。

● **Call me Deborah.:** 潤がマネージャーのデボラに苗字で Ms. Richmondと話しかけた際に、彼女が言ったセリフです。Call me... と言うことによって、呼んでほしい名前を相手にカジュアルに知らせることができます。また、ニックネームを知らせるときにも使われます。

- My name is <u>Christopher</u>, but you can call me <u>Chris</u>. (クリストファーと申します。クリスと呼んでください)

● **Tell me about yourself.:** 文法的には質問形ではありませんが、通常、これは面接の冒頭で聞かれる質問の1つです。緊張をほぐし、会話を始めるために使われます。応募者によって答え方はさまざまですが、私生活についてだけ述べるような回答は避けたほうがよいでしょう。

受付での会話

　面接であれ商談であれ、会社を訪問するとき、最初に立ち寄るのはおそらく受付です。英語では、受付係のことを非公式にthe gatekeeperと呼ぶことがあります。受付係は、訪問者の訪問目的を知るために質問します。自分の訪問目的を説明するために、次の便利な表現を覚えておきましょう。

受付でよく使われる表現

- Hello, how can I help you?
  こんにちは、ご用件をお伺いいたします。
- Welcome to ABC Company. Can I help you?
  ABC社へようこそ。どなたをお探しですか？

　通常、受付係はその人が会社に来た用件を直接尋ねます。しかし、Hello, how are you?といったフレンドリーな質問を使うこともよくあります。I'm fine thanks, and you?と丁寧に答えられるように準備しておくと、受付係とフレンドリーな関係を築くことができます。

　受付係がこれから面会する人の状況について伝える際には、次のような表現を使います。
- ... [Name] is running a little behind schedule.
  … [名前] は予定より少し遅れています。
- ... [Name] is waiting for you in/at ... [location].
  … [名前] は… [場所] であなたをお待ちしています。
- ... [Name] will see you now.
  … [名前] は今すぐお会いします。
- ... [Name] is ready to see you.
  … [名前] はお会いする準備ができました。

　オフィスでの丁寧なもてなしはプロフェッショナルな対応と見なされるので、待っている間、受付係から何か必要なものがあるか、聞かれる場合もあります。
- Is there anything I can get you?
  何かお持ちしましょうか？
- Would you care for some water while you wait?
  お待ちの間、お水はいかがですか？

会社に来た用件を述べる

訪問の目的を正確に伝えるようにしましょう。以下のパターンが便利です。

- My name is … [name]. I have an appointment with … [person] at … [time].
  私は…[名前]と申します。…[時]に…[担当者名]とのアポがあります。
- My name is … [name]. I'm here for … [an event] at … [time].
  私の名前は…[名前]です。…[時]の…[イベント]のために来ました。

例：

Receptionist	Welcome to ABC Company. How can I help you? ABC社へようこそ。ご用件をお伺いいたします。
John	Hello, my name is John Smith. I'm here for an interview with Jeniffer Cook at 10:00. こんにちは、ジョン・スミスと申します。10時にジェニファー・クック様と面接のお約束をしております。
Receptionist	Alright, I'll notify Ms. Cook that you've arrived. You can take a seat over there. 承知しました、スミス様のご到着をクックに伝えます。そちらにおかけになってお待ちください。
John	Thank you. ありがとうございます。
Receptionist	Is there anything I can get you while you wait? Water? お待ちの間、何かお持ちしましょうか？　お水はいかがですか？
John	I'm fine, thank you. 大丈夫です。ありがとうございます。
A few minutes later...　**数分後**	
Receptionist	Mr. Smith? Ms. Cook is running a little behind schedule. スミス様、クックは予定より少し遅れています。
John	Oh, that's fine. Thank you for letting me know. 大丈夫です。知らせてくださってありがとうございます。
Receptionist	It won't be long. そう長くはかからないと思います。
A few minutes later...　**数分後**	
Receptionist	Mr. Smith? Thank you for waiting. Ms. Cook will see you now. She's waiting for you in her office, just down the hall. スミス様、お待たせしました。クックは今すぐお会いします。この廊下の先にあるオフィスでお待ちしています。
John	Great, thank you. ありがとうございます。

STORY

EPISODE 1.3

🔊 *Track 03*

面接にて

Jun's interview with Deborah continues.

Deborah It sounds like you've done some research. So, what's your greatest strength?

Jun I'm good at solving problems. I'm sure you understand how many issues pop up in a marketing campaign. I don't let these bother me. There's always a solution.

Deborah Hmm, okay. And how about your greatest weakness?

Jun I guess I tend to think about projects for too long. It can be difficult to set a project aside. To prevent this, I try to set realistic standards for each project.

Deborah I see. What would you do if you had multiple projects with tight deadlines? That happens a lot here, you know.

Jun I know the digital marketing specialist would lead a team. So, if I had multiple projects with tight deadlines, I'd divide the team. I would take on the most urgent or challenging project and ask my teammates to handle the other one.

Deborah Interesting approach. At JMKY Marketing, we prioritize client satisfaction. Tell me about a time when you exceeded client expectations.

Jun Well, when I was working at the start-up in Osaka, one of my responsibilities was prospecting for new clients. We were a small company, and it was difficult to compete with more established advertising firms. I was assigned to visit a local department store and pitch an advertising campaign we could manage. The store had never worked with us before and gaining them as

30

デボラとの面接が続きます。

デボラ　よく調べてきたようですね。では、あなたの長所を聞かせてください。

潤　私が得意とする点は問題解決です。ご存じのように、マーケティングキャンペーンでは、数多くの問題が浮上してきますが、そういった問題に悩まされることはありません。解決策は必ずあるからです。

デボラ　わかりました。それでは、短所についてはいかがですか？

潤　プロジェクトについて必要以上に長く考えてしまう傾向があることです。プロジェクトを頭の隅に置いておくことができないんです。対策として、各プロジェクトに現実的な基準を設定するようにしています。

デボラ　そうですか。納期が厳しい複数のプロジェクトを抱えている場合は、どうしますか？　ここではよくあることなんです。

潤　デジタルマーケティングスペシャリストはチームを率いる立場にあります。それで、納期が厳しいプロジェクトが複数ある場合、チームを分けます。私が最も緊急のプロジェクト、または難しいプロジェクトを率いるようにして、チームメートにもう1つのプロジェクトを任せます。

デボラ　なかなか面白いアプローチですね。JMKY Marketingでは、顧客満足を優先させています。これまでに顧客の期待を上回ったご経験について話してください。

潤　大阪にあるスタートアップ企業で働いていたときのことですが、当時の担当業務の1つは、新規顧客の獲得でした。小さな会社でしたので、すでに名前の知れた広告会社と競争するのは難しいものでした。地元のデパートに出向いて広告キャンペーンの運営を提案することになりましたが、その店舗とはこれまで取引がなく、顧客として獲得することで、新たなビジネスチャンスが生まれます。当初、先方の担当者は設立後まもない会社と取引をすることに消極的でしたが、私はそれに備えて、詳細な提案を用意していました。

STORY

a client would create new business opportunities. At first, the managers were reluctant because we were a new company. But I came prepared with a detailed proposal.
To make a long story short, we won the contract. After that, I managed the marketing campaign. By the end of the campaign, our client reported a 30% year-over-year growth in sales. They were thrilled.

Deborah That's great. Well Jun, you've given me a lot to think about. Do you have any questions for me?

Jun Deborah, I'm very excited about this position. What are the next steps?

Deborah I have a few more candidates to interview this week, but to be honest I have a good feeling about you. We'll contact you by the end of the week.

Jun Thank you for giving me this opportunity. It was a pleasure to meet you.

Deborah The pleasure's mine. We'll be in touch.

結果として、契約を取ることに成功したのです。その後、マーケティングキャンペーンを運営し、キャンペーンが終了する頃には、そのクライアントの売り上げは前年比30%増を記録しました。お客様にはとてもご満足いただきました。

デボラ 素晴らしい。潤さん、あなたのことをよく知ることができました。何かご質問はありますでしょうか？

潤 デボラさん、このポジションで働けることを楽しみにしています。次のステップは何でしょうか？

デボラ 今週中にあと数名の応募者の方々と面接をする予定ですが、あなたとの面接では好印象でした。今週末までにはご連絡できる予定です。

潤 面接の機会をいただき、ありがとうございました。お会いできて光栄でした。

デボラ こちらこそ。後日ご連絡いたします。

STORY

LANGUAGE FOCUS

- **What's your greatest strength?:** この質問は、応募者が自分の最大の強みと考えていることについて質問します。

- **What's your greatest weakness? [And how about your greatest weakness?]:** 前の質問と同様に、応募者が自分の最大の弱点と考えていることを聞き出す質問です。この質問の目的は、応募者がその弱点にどのように対処し、克服するかを確認するためのものです。採用候補者からはずされかねないような弱点については、話題にしないほうがよいでしょう。

- **What would you do if...?:** [What would you do if + 過去形?] の仮定法過去を使った質問です。
  - **What would you do if** you lost a document?（もし書類をなくしたとしたらどうしますか？）

- **Tell me about a time when...:** [Tell me about a time when +過去形...] で、どんな経験をしたことがあるかを尋ねる質問です。
  - **Tell me about a time when** you finished a project.（プロジェクトを完了させたときのご経験について聞かせてください）

- **pitch:** 提案する、申し出る

- **To make a long story short:** 「要約すると」という意味。口語調の表現です。

- **the next steps:** プロセスの次の段階

- **The pleasure's mine.:** It's a pleasure to meet you. に対するフォーマルな返答の仕方です。（→p. 27参照）

- **We'll be in touch.:** 後日ご連絡いたします。

33

フォローアップのEメール

　面接を終えた直後に、応募者は担当者に短いメールを送信して、面接に参加させていただいたことに感謝の意を表し、そのポジションに関心があることを示すのが一般的です。可能であれば、面接担当者に直接メッセージを送信します。

Dear Deborah,

Thanks again for taking the time to meet with me today. I enjoyed our discussion and was happy to learn more about the position and JMKY Marketing. I am very interested in the position and am available if you have any other questions.

I look forward to hearing from you soon.

Best regards,
Jun Tanaka

デボラ様

本日はお忙しい中、貴重なお時間を割いていただきありがとうございました。このポジションとJMKY Marketingについてより詳しく知ることができ、とても嬉しく思います。このポジションにとても興味がありますので、何かご質問がありましたらいつでもご連絡ください。

ご連絡をお待ちしております。

よろしくお願いいたします。
田中潤

不採用を知らせるEメール

　就職/転職活動で、応募する件数が多ければ多いほど、不採用メールを受け取ることは避けられないでしょう。また、採用担当者として、あなたが不採用メールを書く立場に置かれる可能性もあります。不採用だったからと言って、完全に失敗したかのように感じる必要はありません。現実には、不採用になった候補者も有用なスキルを持っていたものの、別の候補者のほうがそのポジションの要件を満たしていたということです。下記の不採用メールの例を見ながら、ポイントを確認してみましょう。

OVERTIME

Dear George,

Thank you for your interest in the position of Administrative Assistant at JMKY Marketing. Although you have some impressive experience, we have decided not to proceed further with your application. ①

We would like to thank you for your application and encourage you to apply again in the future, should you see another position for which you may qualify. ②

We wish you the greatest success in your professional future. ③

Sincerely,
JMKY Marketing HR

ジョージ様

JMKY Marketingの事務アシスタント職にご関心をお寄せいただき、ありがとうございます。素晴らしいご経験をお持ちですが、採用を見送らせていただきました。①

今回はご応募いただきありがとうございました。また、資格を満たす他のポジションがありましたら、再度ご応募いただけますと幸いです。②

ジョージ様の今後のキャリアにおける成功をお祈りいたします。③

どうぞよろしくお願いいたします。
JMKY Marketing 人事部

注：

　不採用メールは短いものです。候補者が選ばれなかった理由について詳しく説明する必要はありません。また、メールは丁寧なトーンで書くようにします。

①不採用メッセージを丁寧に伝えます。

- **Although you have some impressive experience**, we have decided not to proceed further with your application.
  素晴らしい経験をお持ちですが、あなたの採用プロセスをこれ以上進めないことに決定しました。

または、次のように表現することもできます。

- **Your skills and qualifications are noteworthy, and we appreciate the effort you made to apply.** However, there are other candidates who more closely match our requirements.
  あなたがお持ちのスキルと資格は注目に値します。応募していただいたことに感謝します。しかし、今回は要件を満たす候補者の方が他にいらっしゃいました。

②採用されないことを①で通知した後、別のポジションの募集に興味がある場合は再度応募してほしいと伝えます。この文面は丁寧で、応募者への敬意を示しています。

③不採用メールの最後では友好的に挨拶し、応募者に最善を尽くしてほしいと願う文で締めます。

STORY

EPISODE 1.4 🔊 Track 04
採用の電話

It's Friday around lunchtime. Jun has been waiting all week for a reply from JMKY Marketing. The anticipation has been terrible. To take his mind off the job for a few hours, Jun decided to explore some of the sights in downtown Manhattan. He's on his way to a famous restaurant for lunch, but he can't seem to find it. Perhaps a passerby on the street can help.

Jun		Excuse me, sir. Could you help me find…
Man		Hey, watch where you're going…
Jun		**Whoa**, he didn't even stop. I guess New Yorkers are busy.
Woman		Are you looking for something?
Jun		Oh, yes, I am! I'm looking for a famous waffle restaurant. It's somewhere between West Third Street and West Eighth Street.
Woman		Oh yeah, I know that place. Do you see those people standing over there? That's the line.
Jun		Whoa, that's a long lineup. I guess I should have gotten here earlier.
Woman		Yeah, **you snooze, you lose**. Have a good day!

Suddenly, Jun's cellphone begins to ring.

Jun		Hello, this is Jun.
Deborah		Hi, Jun. Deborah from JMKY Marketing here.
Jun		Hi Deborah! How are you doing?

STORY

金曜日のお昼頃です。潤が JMKY Marketing からの返信を待ち始めて1週間になろうとしています。ただ待っているのはつらいものです。応募した仕事から数時間気をそらすため、潤はマンハッタンのダウンタウンの観光スポットをいくつか探索することにしました。潤はランチのために有名なレストランへ行こうとしますが、見つからないようです。通行人が助けてくれるかもしれません。

潤 すみません。この場所を教えていただけますか…

男性 ちょっと、気をつけて…

潤 うわっ、止まりもしなかった。ニューヨークの人は忙しいんだろうけど。

女性 何かお探しですか？

潤 ああ、そうなんです！　有名なワッフルレストランを探しています。ウェストサードストリートとウェストエイスストリートの間のどこかにあるんですが。

女性 ああ、その場所知ってますよ。あそこに立っている人たちが見えますか。あれが行列ですよ。

潤 わぁ、長い行列だなぁ。もっと早くここに来るべきだった。

女性 そう、油断は禁物。良い1日を！

突然、潤の携帯電話が鳴り始めた。

 潤 こんにちは、潤です。

 デボラ こんにちは、潤さん。JMKY Marketing のデボラです。

 潤 こんにちは、デボラさん。お元気ですか？

Deborah	I'm doing great, thanks. Jun, I'm calling to let you know that I've consulted with my team, and we are pleased to offer you a position at JMKY Marketing.
Jun	That's great news!
Deborah	I'm going to send you an official offer of employment along with the contract. Let me know if you have any questions.
Jun	Okay. I'll look those over right away and get back to you shortly.
Deborah	Great. Talk to you soon.

デボラ	元気です、ありがとう。潤さん、チーム内で協議した結果をお知らせするためにお電話しました。JMKY Marketingのポジションをオファーさせていただきます。
潤	それは素晴らしい！
デボラ	契約書と一緒に正式な採用通知書をお送りします。何かご質問がありましたらご連絡ください。
潤	承知しました。書類を確認して、すぐに折り返しご連絡いたします。
デボラ	よろしくお願いします。それでは失礼します。

LANGUAGE FOCUS

- **whoa:** 驚きや衝撃を表すカジュアルな感嘆詞。似たような表現にwowやohがあります。

- **You snooze, you lose.:**「早めに行動しない人は逃してしまう」という意味。snoozeとloseで韻を踏んでいます。ダイアローグでは、潤が到着した頃には、レストランには長蛇の列ができていました。

- **one's team:** 会社におけるグループを指します。スポーツチームのメンバーがteamと呼ばれるように、会社は社員のグループをteamと呼ぶことがあります。企業のウェブサイトや求人広告では、Join our team（チームに参加しませんか）といった表現で募集を告知することがよくあります。

- **get back to ... shortly:** get back to...は「後で折り返し連絡する」。shortlyは「すぐに、まもなく」。似た表現にI'll be in touch soon.やI'll touch base with you shortly.があり、正確な時間は述べず、soonやshortlyを使っています。具体的でない時間枠を示す表現には他にも、in a few hours [days/weeks/months]、sometime this/next week [month/year] などがあります。

頑張って！

面接では、質問を一度聞いただけでは理解できないこともあるかもしれません。でも大丈夫です。もう一度繰り返してもらうようお願いしましょう。

A: What is your greatest accomplishment?
これまでの最大の功績は何ですか？

B: **Sorry, I didn't catch that. Could you say that again?**
すみません、わかりませんでした。もう一度言っていただけますか？

Cultural Note

採用担当者と連絡を取り続ける

　面接プロセスにはいくつかのステージがあります。各ステージの間に、応募者と採用担当者は通常、Eメールまたは電話で連絡を取り合います。しかしその途中で、採用担当者や社内の担当者からのメールや電話が、タイムリーに返ってこなくなることがあります。

　採用担当者の連絡が途絶えてしまった状況を表す、ユニークな英語表現をご紹介します。

ghost（動詞）

● I don't understand! My last interview went well, but now the recruiter is **ghosting** me.
　（理解できない！　前回の面接はうまくいったのに、採用担当者からの連絡が途絶えてしまった）

go dark

● The recruiter has **gone dark**. She won't return any of my calls.
　（採用担当者が消えてしまった。電話をかけても折り返しの連絡が来ない）

　採用担当者からの連絡が突然途絶えると不安になるものですが、あなたの側から連絡を続ければ、会社が再び連絡してくることもあるかもしれません。たとえば、1次面接を終えて、次の面接への連絡を待っている場合や、相手が約束した連絡日の期限が過ぎてしまった場合などには、応募者から採用担当者へ直接フォローアップすることができます。応募者から採用担当者に連絡を取ることは失礼ではありません。それによって採用担当者があなたについて考えるようになり、そのポジションに対するあなたの真剣な気持ちを知らせることができるでしょう！　採用担当者に改めて感謝し、必要に応じて新たな情報も含めた短いメールを送ることにより、get the ball rolling again（再びボールを転がす）、つまり採用に向けてのプロセスが再開することもよくあります。

戦略的な履歴書の書き方

　企業は、適切な人材を探すために多額の資金を費やします。採用のミスマッチはコスト面で痛手となってしまうため、採用マネージャーは各応募者の履歴書を非常に慎重に検討します。履歴書を書く際に気をつけたいのは、短期間の職歴がたくさんある場合です。一般的に、1年未満で辞めてしまった職がいくつも載っていると、job-hopping（頻繁に仕事を変えていること）と見なされ、悪い印象を与えかねません。

　頻繁に転職していることが明らかになると、面接を受けるチャンスが少なくなるかもしれません。短期間のポジションが複数含まれている場合は、スキルを中心に記述する形式の履歴書（functional résumé）を使用することをお勧めします。この形式は、スキル、能力、経験をメインに記述するため、短期的な職歴やブランクがあっても、あまり目立ちません。もちろん、履歴書の内容は正確であるべきですが、自分の強みに重点を置いて戦略的に履歴書を書く必要もあります。

　面接では、自分がそのポジションについて真剣に考えていることを採用マネージャーに伝えましょう。よくある面接の質問に「X年後に何をしていますか？」というのがありますが、回答する場合は応募している会社を念頭に置いて考えましょう。採用担当者は、あなたが長期的に考えているか否かを見定めるために、この質問をします。あなたの目標は、会社が求めている人材は自分であることを確信させることですので、しっかり準備して臨みましょう。

会社との給与交渉

　給与については透明性の向上が求められているものの、依然として最もタブーとされているトピックの1つです。通常、同僚同士が自分の給料について話し合うことはなく、他人の給料について直接尋ねるのは非常に失礼だと考えられています。ですから、人々がオープンに話したがらないトピックについて知るのは難しいものです。

　一般的に、求人広告では、給与について3通りの方法で言及されます。まず、最もよくあるのは、ポジションの給与に関してまったくコメントがないものです。給与についての言及がまったくないか、またはsalary not given（給与非公開）のような表現が使われます。2つ目は、competitive salary（水準以上の給与）という記述です。これは非常に主観的なので、あまり効果的ではありません。3つ目は、おそらく最もわかりやすい方法ですが、給与範囲が具体的に掲載されるものです。

- Salary: $65K – $78K (based on level of experience)
  給与：6万5000ドル〜7万8000ドル（経験による）

面接では、給与に関して、次のような質問を受けることがあります。

- What kind of salary would you expect for this position?
  このポジションではどのくらいの給与を期待していますか？
- What are your salary expectations?
  あなたの期待する給与はいくらですか？

これに対して適切に答えられるように、いくつかのフレーズを準備しておきましょう。実際の金額を率直に伝えることは、show one's cards（手の内を明かす）ことを意味します。これは、ポジションの標準給与範囲を理解している場合にのみ行う必要があります。もう1つの選択肢は、次のようなフレーズで応答することです。

- I'd expect a salary commensurate with my skills and experience.
  私は自分のスキルと経験に見合った給料を期待しています。
- Based on my skills and experience, I'd expect a salary in the range of $XX to $XX.
  私のスキルと経験から、XXドルからXXドルの範囲の給与を期待しています。

応募者が会社に期待する給料の具体的な金額を明言しないのは、leave the ball in their court（コートにボールを残す）こと、つまり会社側にオファーをする義務を委ねることを意味します。会社がそのポジションに対して平均より低い給与を提供することをlowballingと呼びます。応募者へのlowball offerは、応募者が適正な水準を知らない場合にのみ有効です。

給料についての情報が不明瞭だと、応募者にとって不安の元となるのは確かです。ですが、業界での経験とリサーチがあれば、この不透明なトピックを解明していくことは可能です。

Chapter

自己紹介

潤はニューヨークで、夢だった仕事を手に入れましたが、挑戦はまだ始まったばかりです。新しい仕事について学ぶだけでなく、同僚に良い第一印象を持ってもらわなくてはなりません。

STORY

EPISODE 2.1 🔊 Track 05
新しい職場への初出勤

It took Jun about a month to finish all the paperwork. That was the easy part. Packing all his things and moving to New York was the real challenge! It's Monday morning, and Jun has just arrived at the office for his first day of work. As Deborah leads him to his new desk, Jun meets the team he will work with directly. Charles Prescott and Lauren Smith have worked at JMKY Marketing for a few years. They are curious to meet the Japanese specialist who has joined the company.

Deborah: Okay, people… listen up! It's a new week and we have someone new to meet. I'd like you to welcome Jun Tanaka to the team! Jun is our new digital marketing specialist.

Charles: Charles Prescott, branding specialist. Welcome aboard.

Jun: Thanks! I look forward to working with you.

Lauren: Hi, nice to meet you! I'm Lauren Smith. I'm a marketing assistant on the team. We're excited to have you with us!

Jun: I'm excited to be here.

Charles: So, you must have an impressive background. I know Deborah only hires the best.

Jun: Well in that case, I'm in good company I suppose. I'd appreciate any advice you could offer as I settle in.

Lauren: Would you like to grab a coffee with us later? We can show you around the office. Right, Charles?

STORY

事務手続きをすべて終えるのに1カ月ほどかかりましたが、荷物をまとめてニューヨークに引っ越すことに比べれば、それはまだ簡単な作業でした。月曜の朝、仕事の初日、潤はニューヨークのオフィスに到着しました。デボラが新しいデスクに案内すると、潤は一緒に仕事をするチームに会います。チャールズ・プレスコットとローレン・スミスは、JMKY Marketing で数年間働いています。チームは入社した日本人のスペシャリストに会うのを楽しみにしています。

デボラ　さあ、みんな、ちょっと聞いて！　今週新しく入った仲間を紹介します。田中潤さんをチームにお迎えしたいと思います。潤は新しいデジタルマーケティングスペシャリストです。

チャールズ　チャールズ・プレスコットです。ブランディングスペシャリストです。ようこそ。

潤　ありがとう。一緒に働けることを楽しみにしています。

ローレン　こんにちは、はじめまして。ローレン・スミスです。チームのマーケティングアシスタントです。一緒に働けることを嬉しく思います。

潤　私も、この場にいられて嬉しいです。

チャールズ　きっと素晴らしい経歴を持っているんだろうね。デボラは最高の人材しか雇わないから。

潤　まあそういうことなら、良い仲間に恵まれていると思います。私がここに落ち着くまで、アドバイスをいただけると嬉しいです。

ローレン　後でコーヒーでもどうですか？　オフィスを案内しますよ。そうよね、チャールズ？

45

STORY

 Charles   Of course. How about after lunch?

 Jun   That sounds great! Thanks.

 チャールズ   もちろん。昼食の後はどうですか？

 潤   それはいいですね。ありがとう。

LANGUAGE FOCUS

- **Listen up.:**「皆さん、聞いてください」の意味。口語調です。

- **Charles Prescott.:** 自己紹介をするとき、このように名前を言うだけでは、かなり唐突です。失礼に聞こえてしまうことがあるので注意しましょう。

- **Welcome aboard.:** これはチームに加わる人を「ようこそ」と歓迎する表現です。船に乗り込む人に言う言葉でもあり、相手も乗組員の一員であることを意味します。

- **in good company:** この company とは、「会社」ではなく「人（1人または複数）」を指します。to be in good company とは、自分自身と似ている人々と一緒にいることを意味します。ストーリーの中でチャールズは、「デボラは優秀な社員しか雇っていない」と言い、潤はそれに対して、I'm in good company I suppose.「チャールズや他の人々も優れた社員であるはずだ」と答えています。

挨拶の表現

自己紹介と返答

　次の表は、同僚に自己紹介する方法、日常の挨拶、および誰かが入社したときに使われる歓迎の表現の例を示しています。上に行くほどフォーマルな表現です。

自己紹介	返答
It is a pleasure to make your acquaintance.① お近づきになれて嬉しいです。	The pleasure is mine. こちらこそ。
Pleased to meet you. お会いできて嬉しいです。	Pleased to meet you too. こちらこそ。
Nice to meet you. お会いできて嬉しいです。	Nice to meet you too. こちらこそ。
A pleasure. 嬉しいです。	Likewise. こちらも。
How do you do? お元気ですか？	Fine, thanks.② 元気です。
Charles Prescott.③ チャールズ・プレスコットです。	Hello. こんにちは。

①形式的すぎて冗長です。
②Very well, thank you. と回答することも可能です。
③自己紹介で単に自分の名前を述べるだけでは、唐突で失礼に聞こえます。もしくは自分のほうが優れているかのような印象も与えかねません。避けたほうがよい言い方です。

日常の挨拶

挨拶	返答
Hi, how are you? こんにちは、お元気ですか？	**I'm fine, thanks. And you?** 元気です。あなたは？
How's it going? 元気ですか？	**Pretty good, you?** 元気です、あなたは？
What's up? 最近どう？	**Not much.** 別に
Hey. やあ。	**Hey.** やあ。

歓迎の表現

チームで歓迎する	返答
I look forward to working with you. 一緒に働けるのを楽しみにしています。	**Thanks, I look forward to working with you too!**④ ありがとう、私も楽しみにしています。
We're excited to have you with us! チームに加わってくれて嬉しいです。	**Thanks! I'm excited to be here!** ありがとう、私も嬉しいです。
We're excited to have you on the team! チームに加わってくれて嬉しいです。	**Thanks! I feel the same way!** ありがとう、私も同じです。
We're happy to have you on the team! チームに加わってくれて嬉しいです。	**Thanks! I'm happy to be here!** ありがとう、私も嬉しいです。
Welcome to the team. チームにようこそ。	**Thanks very much!** ありがとう。
Glad to have you with us. チームに加わってくれて嬉しいよ。	**Thanks! I'm glad to be here!** ありがとう、私も嬉しいです。
Welcome aboard. ようこそチームへ。	**Thanks!** ありがとう。

④I look forward to working with you. に対する返答で、よりカジュアルな表現は、Likewise. (こちらこそ) です。

職種を含めた自己紹介

次に、職種の表現方法をいくつか見てみましょう。これは、初対面の場合に特に便利です。

パターン 1: I'm a job title at company name.

- Hello, my name is Jun Tanaka. **I'm a digital marketing specialist at JMKY Marketing**.

  こんにちは、私の名前は田中潤です。私は JMKY Marketing のデジタルマーケティングスペシャリストです。

パターン 2: I'm a job title in the department.

- Hi, I'm Lauren Smith. **I'm a marketing assistant in the marketing department**.

  こんにちは、ローレン・スミスです。マーケティング部門でマーケティングアシスタントをしています。

上記の例では、ポジションは社内では1つとは限らないことに注意してください。たとえば、複数のマーケティングアシスタントが存在する可能性があります。したがって、ローレンは自分が a marketing assistant であると言っています。一方で管理職は、1人の人物が会社または部門を監督するために割り当てられるため、1つしかない傾向があります。1つしか存在しないポジションの場合は、次のパターン3を使用します。

パターン 3: I'm the job title at company name.

- Hello! I'm Deborah Richmond. **I'm the manager of marketing at JMKY Marketing**.

  こんにちは、デボラ・リッチモンドです。JMKY Marketing のマーケティングマネジャーです。

また、会社内での自分のポジションを説明する際に、特に正確に言う必要はない場合もあります。そんなときは、パターン4のように部署を述べることで、仕事の性質を伝えることができます。

パターン 4: I work in the department at company name.

- Hi, I'm Will Thompson. **I work in the HR department at Social Tea Café & Bakery**.

  こんにちは、ウィル・トンプソンです。Social Tea Café & Bakery の人事部で働いています。

会社の組織構造と部門

　組織構造は会社によって異なります。しかし日本と同じく、欧米の大企業は経営者の監督とリーダーシップのもと、部門に分かれているのが一般的です。部署名とそれに対応するリーダーシップの役職は、企業ごとに名前が異なります。たとえば、人事部門は従来は**HR Department**と呼ばれ、統括者は**VP of HR (人事部門統括者)**のような役職がついていました。最近では、人事部門はPeopleまたはPeople and Cultureと呼ばれるようになり、統括者は**Chief People Officer (最高人事責任者)**の役職となります。企業の構造を学ぶ際には、各部門の業務や活動範囲を理解することが最も必要です。

　役職や部署を表すのに使われる一般的な略語を見てみましょう。

略語	意味	日本語
CEO	Chief Executive Officer	最高経営責任者
CFO	Chief Financial Officer	最高財務責任者
CTO	Chief Technology Officer	最高技術責任者
COO	Chief Operations Officer	最高業務責任者
CCO	Chief Communications Officer	最高コミュニケーション責任者
CPO	Chief People Officer	最高人事責任者
CIO	Chief Information Officer	最高情報責任者
VP	Vice President	副社長
IT	Information Technology	情報技術
HR	Human Resources	人事
R&D	Research and Development	研究開発
QA	Quality Assurance	品質保証
PR	Public Relations	広報活動

テキストメッセージでの略語

　同僚とコミュニケーションを取る際には、Eメールだけでなくテキストメッセージを使うのも一般的です。テキストメッセージは文量が短く、Eメールよりカジュアルな英語になりがちです。略語もよく使われます。テキストメッセージで使われる略語は絶えず変化しています。また、相手が理解できない略語を使ってしまうと、混乱を引き起こすこともあります。なるべく一般的に使用されている、仕事環境に適した例のみを使うのが無難です。

略語	意味	日本語
AFAIK	As far as I know	私が知る限り
AFK	Away from keyboard	離席中
BRB	Be right back	すぐ戻ります
BTW	By the way	ところで
FYI	For your information	ご参考まで
IMHO	In my humble opinion	私のつたない意見では
IMO	In my opinion	私の意見では
JK	Just kidding	冗談です
K	OK	オーケー
LOL	Laugh out loud	大笑い
NP	No problem	問題ない
OMW	On my way	向かっている
OOO	Out of office	休暇中
THX	Thanks	ありがとう
U	you	あなた
WDYT	What do you think?	どう思いますか

例を見てみましょう。下記の短いテキストメッセージで、ローレンは潤をコーヒーに誘います。カジュアルな表現が使われていることに注意してください。

Cultural Note

採用への道

　求職から採用までの道のりには多くのステージがあります。一般的には次のようになります。

電話によるスクリーニング面接

- 応募者は、採用担当者または人事担当者と電話で話します。会話は一般的な内容で、応募者の動機や経歴を確認します。電話は通常は30分もしないような短いものです。この段階で、応募者の希望する給与額について担当者から質問される可能性があります。ポジションの標準的な給与、自分の経験、能力に基づいて提示できる金額の範囲を事前に調べておくことが重要です。

面接（ラウンド1）

- 最初の面接では、応募者は通常、募集ポジションに直接関係のある担当者と話します。この担当者は将来、直属の上司になる人かもしれません。このステージでは、自分の実務経験と資格について詳しく説明します。最初の面接は、ビデオ通話を介してリモートで行われることが増えています。

適性テスト

- 職務の性質によっては、応募者は自分のスキルを示すためのタスクを求められる場合があります。これは、職務に直接関連したものです。たとえば、プログラミングのポジションに応募した場合、プログラムを書くように求められるかもしれません。

面接（ラウンド2）

- 2回目の面接がある場合はおそらく、より上位の役職者と会うことになります。1回目の面接に関わった担当者は、応募者の合否についてすでに何らかの判断をしているかもしれませんが、最終的な決定は上位の役職者に任せる場合もあります。

採用

- 最終面接が成功に終わると、人事担当者から電話またはEメールで、オファーが通知されます。

企業や業界によって、このステップの順序と内容は異なる場合があります。

STORY

EPISODE 2.2   🔊 Track 06
同僚との距離を縮める休憩時間

After a busy morning, Jun has met many of his new co-workers and has checked off several tasks from his onboarding checklist. Lunch break is past and the hot, August afternoon was just starting to make Jun feel drowsy. Lauren and Charles stopped by his desk and invited him for a coffee in the café on the first floor of their office building. Now with a hot cup of coffee in his hands, Jun gets to know his co-workers a little better.

👤	Charles	Jun, you must have done your homework before coming here. What do you think about JMKY's marketing approach?
👤	Lauren	Charles, don't talk shop! Let's get to know Jun! Besides, I need a break from work talk.
👤	Charles	Well, I guess you're right.
👤	Lauren	Jun, you're from Japan, right? Japan is so cool! I really want to visit Kyoto. It looks so beautiful!
👤	Jun	Yes, it is! Actually, I went to university very close to Kyoto, in Shiga Prefecture. I've spent a lot of time in Kyoto.
👤	Lauren	Oh, that's interesting. I heard Deborah say you moved here from Tokyo.
👤	Jun	Yes, I was working there for a few years. Tokyo is very different from Kyoto. It's very different from New York, too.
👤	Charles	New York has it all. Do you follow baseball much?
👤	Jun	Yeah, a little bit. Now that I'm here, I'd like to catch a game at some point. Have either of you seen one this season?

午前中はあっという間に過ぎ、潤は多くの新しい同僚と出会い、オンボーディングのチェックリストにあるいくつかのタスクを終えました。お昼休みが過ぎた８月の暑い午後、潤がちょうど眠気を感じ始めたとき、ローレンとチャールズがオフィスビルの１階にあるカフェでコーヒーを飲まないかと誘ってきました。熱いコーヒーを手にした潤は、同僚について少し知ることになります。

チャールズ　　潤、ここに来る前に宿題を済ませたんだろうね。JMKYのマーケティングアプローチについてどう思う？

ローレン　　チャールズ、仕事の話はしないで。潤のことを知りたいの。それに仕事から離れる時間が必要よ。

チャールズ　　まあ、君の言う通りだ。

ローレン　　潤は日本の出身よね。日本ってカッコいい！　京都に行ってみたいの。すごく美しい街のようね。

潤　　そうですよ！　実は、京都に近い滋賀県の大学に通っていたので、京都で多くの時間を過ごしました。

ローレン　　ああ、そうなの。　デボラは、あなたは東京から引っ越してきたと言ってたけど。

潤　　そう、ここ数年間は、東京で働いていました。東京は京都とはずいぶん違います。ニューヨークともまったく違いますね。

チャールズ　　ニューヨークには何でもあるからね。野球の試合はチェックしてる？

潤　　はい、少しですが。せっかくニューヨークにいるので、いつか試合を観に行きたいと思っています。今シーズンは試合を観に行きましたか？

STORY

Lauren	I wanted to go last week, but it was rained out.
Jun	Oh, that's too bad.
Charles	Things are so busy these days, I doubt I'll have time to see a game.
Lauren	Speaking of busy, I heard Deborah say we're about to get busier than ever.
Charles	Really? What's going on?
Lauren	Who knows? But she said we should expect some big announcement soon.
Charles	Looks like you're getting thrown in the deep end, Jun. Hope you can swim.
Jun	Swim?

ローレン	先週行きたかったんだけど、雨で中止になってしまったの。
潤	ああ、それは残念です。
チャールズ	最近は忙しくて、試合を観る時間がないんだよ。
ローレン	忙しいと言えば、私たちはこれまで以上に忙しくなるってデボラが言ってたわ。
チャールズ	ほんとに？　何が起きているんだ？
ローレン	さあ？　でも、何か大きな発表があるらしいわよ。
チャールズ	潤、君は深みに投げ込まれている（いきなり窮地に立たされている）ようだね。泳げるといいね。
潤	泳ぐって？

56

STORY

LANGUAGE FOCUS

- **do one's homework:** 「調査と準備を十分に行う」の意味。口語調の表現です。

- **talk shop:** これは、通常の勤務時間外での仕事関連の会話を指します。グループ内の他の人が興味を持っていない、または関与していないにもかかわらず、誰かが仕事関連のトピックについて話したがること。通常、talk shopは否定的に見られます。

- **Oh, that's interesting.:** 相槌の表現。確認や合意を示す言葉を挟むと、会話の流れがフレンドリーになります。相槌については、OVERTIMEのページで詳しく説明します (→p. 59)。

- **have it all:** 必要なものはすべて揃っている

- **Do you follow baseball much?:** 「野球に興味があり、最新の情報を入手していますか？」という意味。「Do you follow...?」は現在重要なトピックについて幅広く使用されます。静的なものや変化しないものにはこの表現を使用しません。たとえば「Do you follow art?」は、アートの世界が変化し発展しているため使えますが、「Do you follow Claude Monet?」は、モネはもう絵画を制作していないので奇妙に聞こえます。

- **Oh, that's too bad.:** 共感を示す表現で、相手が言ったことに対する相槌です。この場合、否定的または不快なことについて同情を示します。

- **Speaking of...:** 「…と言えば」。前述の話題と新しい話題とをつなげるために使います。話しているテーマをキープしつつ、会話の方向を変えます。次の例に注目してください。

    A: **The whole team attended the conference. <u>It was a busy week</u>, so I'm glad it's over!** チーム全員が会議に出席しました。とても忙しい週だったので、終わってくれて嬉しいです。

    B: **Yeah, for sure. <u>Speaking of</u> busy, I need to work overtime again this week.** ほんとに。忙しいと言えば、私は今週も残業する必要があります。

    A: **We finished onboarding the new hires today. <u>John</u> said his team is ready.** 新規採用メンバーのオンボーディングを今日終えたよ。ジョンのチームは準備ができたらしい。

    B: **<u>Speaking of</u> John, I should schedule a meeting with him later.** ジョンと言えば、後で彼とミーティングする予定を入れないと。

---

1 応募と面接

2 自己紹介

3 会議

4 出会い

5 ネットワーキング

6 人事考課

7 顧客サービス

8 職場での課題

9 オファー・提案

10 プレゼンテーション

11 出張と商談

12 一年を振り返って

57

STORY

● **get thrown in the deep end:** 準備や訓練をほとんど（またはまったく）せずに難しいタスクに取り組むこと。the deep endは、プールの中で最も深い部分を表します。

カジュアルな会話ではさまざまなイディオムを耳にすることがありますが、すべてのイディオムを習得する必要はありません。多くのネイティブも、たとえそれを聞いたことがあったとしても意味を理解していないイディオムがたくさんあります。ここでは、一般的に使用されているイディオムの例をいくつかご紹介しましょう。

イディオム	意味
burn the candle at both ends	仕事、遊び、または何らかの活動を過剰に行う
John, you're burning the candle at both ends. Take a break. ジョン、やりすぎだよ。休憩して。	
burn the midnight oil	夜遅くまで働く
There's too much work! Looks like we'll be burning the midnight oil! 仕事が多すぎる！　夜遅くまで働くことになりそうだ。	
The writing is on the wall.	はっきりしていて誰にとっても明らかだ。
That client hasn't placed an order. I think the writing is on the wall that we're going to lose them. その顧客はまだ注文していない。私たちがその顧客を失うのは目に見えている。	
bite off more than you can chew	達成できないタスクを引き受ける
The project is delayed again. I think Peter bit off more than he can chew. プロジェクトがまた遅れている。ピーターはできないタスクを引き受けたみたいだね。	
In for a penny, in for a pound.	やりかけたことは最後までやり通せ。
The training went well. Now Anna wants me to deliver the same program to every branch. In for a penny, in for a pound, I guess. トレーニングはうまくいった。アナは同じトレーニングプログラムを全支店で実施することを私に求めている。始めたからには最後までやらないといけない、ということだろうね。	
We'll cross that bridge when we come to it.	必要が生じた際にその状況に対処しよう。
The client placed an order but wants a better price in the future. I guess we'll cross that bridge when we come to it. 顧客は注文してくれたが今後は値下げしてほしいと言っている。そうなったら、そのときに対応しよう。	
play it by ear	ミュージシャンがメロディを聞いて即興で再現するように、その場で間に合わせたり必要な調整を加えたりすること
We might need to visit the client's office later. We can play it by ear. 後で顧客のオフィスに行く必要があるかもしれない。臨機応変にいこう。	

相槌

「英語で良い聞き手となる方法」の1つに、相槌を打つことがあります。相槌は、話し手の話が理解できていることを、短い言葉と共に伝えるものです。相手の発言に対する確認、合意や共感を表します。ここでは、知っておくべき最も一般的な相槌をいくつか見てみましょう。

確認の表現（そうですか）	合意の表現（そうですね）	共感の表現（残念ですね）
Okay.	Yeah.	Oh.
I see.	Right.	Oh, no.
Is that so?	That's right.	Oh, I'm sorry to hear that.
Oh, you don't say?	Yeah, for sure.	Oh, that's too bad.
Oh, really?	Yeah, you're right.	That's unfortunate.

最後の数語を繰り返す

相手の話が理解できていることを示すもう1つの方法として、「相手の言った最後の数単語を、質問の形で繰り返す」こともできます。これは相手の注意をそらす可能性があるため、慎重に行う必要があります。次の例に注目してください。

A: The customer just called me. He's not happy with the product.
　お客様から今電話があったよ。製品に不満があるようだ。
B: **Oh, he's not happy with the product?** What's the problem?
　え、製品に不満がある？　何が問題なんだ？

頑張って！

相手が話していることが完全に理解できなかったり、英語で聞き取れなかったりすることがあります。そんなときは次のフレーズを使えば、相手の言ったことを確認することができます。

A: This project is going to need our full effort.
　このプロジェクトは100%の努力が必要になるだろう。
B: **Oh, can you expand on that, please?**
　あの、それについて説明していただけますか？

相槌の音声

　英語でも日本語と同様に、会話で使う相槌の音声があります。英語の相槌の音声は、日本語で一般的に使うものとは大きく異なりますので注意してください。日本人が英会話で無意識に日本語の相槌を使ってしまい、聞き手を混乱させる可能性があります。次の表は、一般的な英語の相槌を、イントネーションを含めて示しています。

	英語	日本語
確認	Mmm-hmm Uh-huh	ええ、うん
驚き	Oh Whoa Whaa （What の語尾を省略）	えっ、わぁ
疑問	Hmm Huh	えー？
同意	Mmm Huh	うん、そう
嘲笑	Ha Chuh	まじで、うそ

Onboarding（オンボーディング）

　企業は通常、新卒や中途の新入社員のために何らかのトレーニングまたはオリエンテーションを提供します。英語では、このプロセスのことを一般に**onboarding（オンボーディング）**と呼びます。オンボーディングは企業によって異なりますが、プロセスには共通点があります。

　上司が新入社員をオンボーディングする際、新入社員には通常、**onboarding document（入社研修ドキュメント。onboarding itinerary**とも呼ばれる）が渡されます。入社研修ドキュメントは、従業員ハンドブック、マニュアル、企業のポリシードキュメントなどとは異なり、目標完了日が設定されたタスクのチェックリストのようなものです。オンボーディングプロセスが終了するまでに、新入社員が効率良く仕事ができるようになっていることが目標です。

　通常、オンボーディングの工程には、上司との一連のミーティングが含まれます。最初に上司が尋ねるのは、**How are you settling in?（落ち着いてきましたか？）**、**Are you getting used to things?（慣れてきましたか？）**、**Are you finding your way around?（やり方がわかってきましたか？）**などです。オンボーディングが完了すると、オンボーディングのプロセスを改善するためのフィードバックを求める企業もあります。

　オンボーディングを新入社員の**probation period**（試用期間。**probationary period**または単に**probation**と呼ばれることもある）と混同しないように注意してください。オンボーディングはトレーニングですが、**probation period**は期間を表します。

Chapter 3

会議

大口の顧客を獲得するため、ここで潤は何としても自分の能力を証明しなければなりません。チームの一員として、潤は同僚と協力して効果的なマーケティング戦略を作成する必要があります。他のメンバーの意見にも配慮しながら、どのように自分を表現できるでしょうか。

STORY

EPISODE 3.1 Track 07
マーケティングチームのミーティン

Deborah has assembled the marketing team for an important meeting. A major manufacturer of luxury watches, Peller Timepiece, is seeking proposals for their latest marketing campaign. Winning this account would transform JMKY Marketing from a regional agency to a nationwide player.

Jun		Okay, let's put our heads together. Until now, we have been representing mostly local clients. The Peller Timepiece account would put us on the map nationwide. Let's just start putting ideas on the board. What do you think?
Charles		Well, it's an old company. I think over 100 years old, right? The way I see it, we should capitalize on that. We should focus on concepts like "stability," or "endurance."
Deborah		That's a good start. Anything else?
Charles		Well, what about hiring an A-List celebrity to be the spokesperson for the campaign?
Lauren		Charles, hiring a celebrity would put the budget through the roof.
Jun		Yes, I'm not sure that's the best approach. Peller Timepiece has been making watches for a long time, but some of its competitors are older. I'm not convinced that focusing on their age is an effective strategy.
Charles		Wow, that idea got shot down fast! Look, our advertisements ought to make the company seem high-end. Their watches are really expensive, aren't they?

グ

デボラは重要な会議のため、マーケティングチームを集めました。高級腕時計の大手メーカーである Peller Timepiece が、最新のマーケティングキャンペーンの提案を求めているのです。この取引先を獲得することで、JMKY Marketing は地域展開の代理店から全国規模の代理店へと変革することができるでしょう。

 潤
さあ、みんなで考えましょう。当社はこれまで、主に地域のクライアントと取引をしてきました。Peller Timepiece を顧客にすることで、全国的に知られるようになります。それでは、ボードにアイデアを書いていきましょう。何かアイデアはありますか？

 チャールズ
ええと、この会社は老舗ですね。たしか、100年以上続いている。私の考えでは、それを利用すべきじゃないかな。「安定性」や「持久力」のような概念に焦点を当てるべきだと思う。

 デボラ
いいスタートね。他には？

 チャールズ
超有名人をキャンペーンのスポークスパーソンにするのはどうかな。

 ローレン
チャールズ、有名人を雇うと予算が跳ね上がってしまうわ。

 潤
確かに、それが最善のアプローチなのかどうかはわかりません。Peller Timepiece はかなり前から腕時計を作ってきましたが、競合他社の中にはもっと古い会社もあるし、老舗企業であることを重視するのが効果的な戦略だとは言いかねます。

 チャールズ
おっと、僕のアイデアは速攻で却下されたね。でも、Peller Timepiece の商品が高級に見えるような広告にするべきだと思う。彼らの腕時計は本当に高価だからね。

STORY

Jun
I think you're right, Charles. The thing is, they also want to appeal to a wide audience. How can we do that?

Lauren
We ought to focus on high-traffic areas... Oh, I've got it! Lots of people fly, right?

Jun
Yes, but I'm not sure I follow you.

Lauren
Well, airports cater to people from all over the world. In my opinion, we can create great exposure by focusing our advertising on airports.

Charles
Yes, airports are a good place to advertise. But we can't just rely on location to sell the product.

Jun
Agreed. We should focus on the message first. This, I believe, will lead to a solid campaign.

Deborah
So, what's the message we want to communicate?

Jun
I've been looking at the company's watches. They are beautiful, really works of art.

Lauren
Why don't we look at the watches and think of words we associate with them?

Jun
Great idea!

潤
その通りだと思います、チャールズ。問題は、Peller Timepiece は幅広い層にアピールしたいとも考えていることなんです。どうすればいいと思いますか？

ローレン
人通りの多い場所に広告を集中させるべきね…。ああ、そうだ。飛行機を使う人って多いじゃない。

潤
そうだけど、でも、それで…？

ローレン
空港には世界中から人々が集まるから。私の意見では、空港に広告を集中させることで、多くの人に見てもらえると思うの。

STORY

 チャールズ　　確かに、空港は広告に適した場所だけど、製品を販売するのに場所だけに頼っては駄目だと思う。

 潤　　賛成です。まずはメッセージに焦点を当てること。それが堅実なキャンペーンにつながると思います。

 デボラ　　では、私たちが伝えたいメッセージは何かしら。

 潤　　Peller Timepieceの腕時計を見ていたんだけど、すべて美しく、本当に芸術作品のようです。

 ローレン　　腕時計を見て、連想する言葉を考えるのはどうかしら？

潤　　いい考えだ！

LANGUAGE FOCUS

- **put one's heads together:** チームで作業し、問題について考える
- **account:** customer account（顧客アカウント）のこと。ダイアローグのように、顧客関係にある会社（ここではPeller Timepiece）のことを指します。
- **put ... on the map:** …を有名にする、…の注目度を高める
- **The way I see it:** 私の観点からは
- **through the roof:** 非常に高い
- **get shot down:** 拒否される

同意する/同意しない

　相手に丁寧に同意する、または同意しない言い方はたくさんあります。いくつかの便利なフレーズを見てみましょう。丁寧さやフォーマルさは、上に行くほど高くなります。

同意する	
I think you're onto something.	いいところに気づいたね。　＊onto somethingとは、良いアイデアや前進する方法を発見したことを意味します。
You make a good point.	君の言う通りだ。
That's a good point.	それはいい点だね。
I agree with you/that.	私はあなた/それに同意します。
I concur.	同意します。
You're right!	あなたの言う通りです！
Great idea!	いい考えだ！
Agreed!	同意します。

同意しない	
Agree to disagree.	意見の不一致を認めます。　＊相手の意見に同意できないが、これ以上異議を唱えることを望まないという意味。
You make a good point, but...	あなたは良い点を述べていますが…
I'm not sure that's the best idea/approach.	それが最善のアイデア/アプローチだとは思わない。
I'm afraid I don't agree.	すみませんが、同意しません。
I don't quite agree.	私はまったく同意しません。
I don't agree.	同意しません。
[NG] That's wrong.	間違っています。　＊相手が間違っていると直接言うのは、失礼に聞こえてしまいます。これは避けてください。
[NG] You're wrong.	

「頑張って！」

同僚と意見を異にするのは難しいかもしれませんが、心配しないでください。直接「いいえ、私は同意しません」と言う必要はありません。次の簡単な句を覚えていれば、失礼にならない方法で、相手に同意していないことを表現できます。

A: Increasing sales by 10% this month should be easy, right?
今月 10% の売り上げアップは簡単ですよね？
B: **Well, I see things a little differently.**
ええと、私は別の意見です。

グラフ

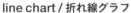

グラフやデータは職場や会議で頻繁に使われるため、それに関する用語を知っておくことが重要です。ここでは、基本的な用語をいくつか見てみましょう。

line chart / 折れ線グラフ

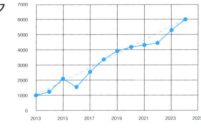

column chart / 縦棒グラフ

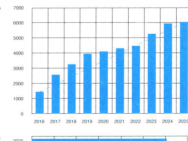

bar chart / 棒グラフ

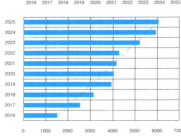

pie chart / 円グラフ

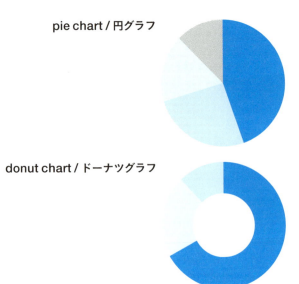

donut chart / ドーナツグラフ

グラフの基本用語

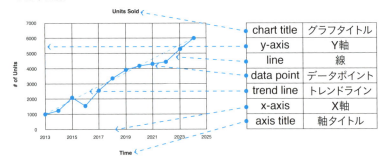

chart title	グラフタイトル
y-axis	Y軸
line	線
data point	データポイント
trend line	トレンドライン
x-axis	X軸
axis title	軸タイトル

グラフデータ

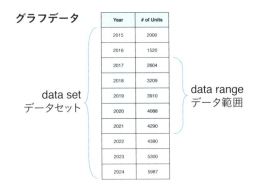

Year	# of Units
2015	2000
2016	1520
2017	2604
2018	3209
2019	3910
2020	4088
2021	4290
2022	4380
2023	5300
2024	5987

data set / データセット

data range / データ範囲

グラフの説明に使える便利な表現

　グラフの基本的な機能は、情報を提示することです。グラフに関連するいくつかの便利な表現を理解しておくと役立ちます。ここでは、グラフを見ながら結論を出したり、データを参照したり、質問したりするときのフレーズを紹介します。

結論を出す

　グラフについて意見を述べる際に、次の動詞を使用して自分の確信の度合いを表現できます。

確信がある	prove	証明する
	demonstrate	実証する
	confirm	確認する
	verify	確証する
あまり確信がない	suggest	示唆する
	indicate	示す

　グラフの解釈に確信がある場合は、次のパターンを使用できます。

This chart （このグラフは）	**proves**（証明している） **demonstrates**（実証している） **confirms**（確認している） **verifies**（確証している）	that our sales are increasing. （当社の売り上げが増加していることを）

　予想や解釈にあまり確信がない場合、次のパターンを使用できます。

The data （このデータは）	**suggests**（示唆している） **indicates**（示している）	that profits are lower in the summer months. （夏季に利益が下がることを）

　さらに、あまり確信のないことをseems toを使って言い表すこともできます。

確信がある

- This data **confirms** that our marketing strategy is working.
  このデータは、当社のマーケティング戦略が機能していることを**確実に示して**います。

あまり確信がない

- This data **seems to confirm** that our marketing strategy is working.

OVERTIME

このデータは、当社のマーケティング戦略が機能していることを**示しているよう
です。**

データを参照する

- As you can see, sales decreased slightly in 2024.
  ご覧の通り、2024年の売り上げはわずかに減少しました。
- The data shows that our sales are trending upward.
  データによると、当社の売上高は上昇傾向にあります。
- Please refer to the data in the chart.
  グラフのデータを参照してください。
- If you notice the difference between Q1 and Q2, you can see how sales recovered.
  第1四半期と第2四半期の差を見ると、売り上げが回復した様子がわかります。
- I would like you to focus on this point in the data.
  データのこの点に注目していただきたいと思います。
- Take note of how this is demonstrated in the chart.
  これがグラフでどのように示されているかに注意してください。
- I don't understand this data.
  このデータは理解できません。
- I'm not sure what this chart is supposed to represent.
  このグラフが何を表しているのかわかりません。

グラフに関して質問する

- Could you explain this chart, please?
  このグラフを説明していただけますか？
- Could you walk me through this data, please?
  このデータについて教えていただけますか？
- Could you comment on the data in this chart?
  このグラフのデータについてコメントをいただけますか？
- Could you help me better understand this data?
  このデータをより良く理解できるよう助けていただけますか？
- Can I ask a question about this data?
  このデータについて質問してもいいですか？
- How did we generate this data?
  どうやってこのデータを生成したのでしょうか？

Cultural Note

個人主義と集団主義

「団結やチームワークを大切にしている」と謳っている企業もありますが、欧米のビジネスの世界では個人主義の精神が一般的です。実際に団結やチームワークが大切だと考えている社員がいないわけではありませんが、多くの社員は、他のチームメンバーよりも目立つこと、例外的な存在と見なされることを望んでいます。ここからlook out for number oneという表現が生まれました。これは、自分の成功に焦点を当てることを意味しており、他の人のことを気にしない、自己中心的な印象があります。

STORY

EPISODE 3.2 🔊 Track 08

マーケティングプランのアイデア

The work is stretching into the evening. Jun, Lauren, and Charles have been pitching slogans and looking at pictures of watches all day.

Lauren   We've looked at so many watches! They're all starting to blur together!

Charles   Well, the data from our market research is useful, I think. It clearly demonstrates that sales for luxury brands are increasing.

Jun   Yeah, these charts suggest that trend will continue. But other data seems to indicate that many consumers still prefer mid-range watches.

Lauren   Maybe they can't afford luxury accessories.

Jun   That's likely true for a segment of the consumers. Others may not view expensive watches as essential.

Charles   We have to focus our efforts on high-income consumers. People who don't buy luxury brands can't be our priority.

Jun   Charles, I think you're on the right track. But look at the data in these charts. Some consumers who can afford luxury accessories still don't buy them.

Charles   So, what do you suggest?

Jun   Well, Peller Timepiece has an established customer base. To expand, we have to communicate with customers outside that core.

Charles   I'm not convinced that would work.

STORY

出し

打ち合わせはその日の夕方になっても終わりません。潤、ローレン、チャールズはスローガンのアイデアを出し続け、腕時計の写真を1日中見ています。

ローレン　あまりにも多くの腕時計を見すぎて、全部同じように見えてきた！

チャールズ　市場調査のデータが役立つと思う。これによると、高級ブランドの売り上げが増加していることは明らかだ。

潤　そう、このグラフは今後もその傾向が続くことを示している。しかし他のデータは、多くの消費者がまだ中間層の腕時計を好むことを示しているようだ。

ローレン　消費者は、高級アクセサリーを買う余裕がないのかもしれないわ。

潤　ある消費者層では、そうなのかもしれない。高価な腕時計を必要だと考えていない消費者もいるのかもしれない。

チャールズ　高所得の消費者に焦点を当てるべきだと思う。高級ブランドを購入しない消費者を優先することはできない。

潤　チャールズ、考え方としては正しいと思う。でも、このグラフのデータを見てほしい。高級アクセサリーを買う余裕のある消費者の中には、まだ購入していない人もいる。

チャールズ　では、君の提案は？

潤　Peller Timepieceの顧客ベースは確立されている。それを拡大するには、主要顧客以外の消費者を取り込む必要がある。

チャールズ　それがうまくいくとは思えないな。

STORY

Jun　Well, consider this; consumers who know the brand might have already bought a watch from Peller Timepiece, right?

Charles　Right.

Jun　Competitors are also targeting that same consumer group. So, instead of buying a watch from Peller Timepiece, it's possible they bought a luxury watch from another manufacturer. That's possible, isn't it?

Charles　Yeah, it's possible.

潤　こう考えてみて。ブランドを知っている消費者は、すでにPeller Timepieceから腕時計を購入している可能性があるよね？

チャールズ　そうだな。

潤　競合他社も同じ消費者グループをターゲットにしている。だから、Peller Timepieceからではなく、別のブランドの高級腕時計を購入する可能性があるよね。

チャールズ　うん、その可能性はあるな。

LANGUAGE FOCUS

- **blur together:** 同じように見える

- **on the right track:** 正しく考えたり、行動したりし始めている

- **core:** coreは本来、中心的なもの、中央にあるもの、最も重要なものを指し、ここでは「主要なグループ」を意味します。

- **I'm not convinced that would work.:** I don't think that will work. とダイレクトに言うと、少し無愛想に聞こえます。I'm not convinced that... とつけ加えると、表現が柔らかくなります。「それが正しい（可能だ）とは思わないが、十分な証拠や裏づけがあれば納得できるかもしれない」というニュアンスを含みます。

残業

残業に関してよく使われる表現を見てみましょう。

pull an all-nighter	We'll have to pull an all-nighter to get this project done on time. このプロジェクトを期限内に終わらせるためには徹夜するしかない。
put in extra hours	I've been putting in extra hours at work all month. I'm exhausted! 今月はずっと残業が続いているんだ。疲れたよ！
come in on the weekend	I need someone to come in on the weekend. We need to do inventory. 週末に誰か来てくれないかな。棚卸が必要なんだ。

残業に関して尋ねる

残業に関する会社の方針については、入社前の面接のときに尋ねるのが最適です。以下の質問を使って尋ねることができます。

- Could you tell me about the company's overtime policy?
  会社の残業ポリシーについて教えてください。
- Will this position require any overtime?
  このポジションでは残業はありますか？
- Does this position require any work outside of normal business hours?
  このポジションでは、通常の勤務時間外に働く必要がありますか？

Cultural Note

企業文化

company culture（企業文化）を組織内で維持、推進しようとする企業が増えています。国や地域社会で共有されている文化と同じように、企業文化にはモチベーション、ワークスタイル、組織内の階層、優先順位などが含まれます。欧米では、多くの企業がwork-life balance（ワークライフバランス）の概念を取り入れています。ワークライフバランスを推進する企業は、社員が仕事から離れて私生活を楽しむ必要性を強調しています。このアプローチは、休暇制度、柔軟な勤務形態、給与以外の福利厚生などに表れています。そのような企業は、実際に社員の残業を抑制している場合もあります。

STORY

EPISODE 3.3 🔊 Track 09
キャッチフレーズ決定

The team is tired, but it feels like they are nearing a breakthrough.

Lauren Okay, some people just don't buy expensive watches.

Jun So, we need to focus on those people who can afford a luxury watch but who haven't bought one.

Charles And how do we do that?

Jun Well, luxury watches are typically well-made. They last longer than most mid-range watches. In the long run, people could actually save money by buying a luxury watch. We could promote Peller Timepiece as a luxury brand but focus on quality. I think that's essential.

Lauren I've got it, Jun! "Essential Luxury"! That's the perfect tagline for our campaign.

Charles Yeah, that's not bad!

Jun I think you hit the nail on the head!

Later...

Jun Good news! I presented our marketing plan to Deborah, and she loved it! She thinks that "Essential Luxury" is the perfect concept for our proposal. She's given us the green light to start work right away.

Lauren Great! I can't wait to start! I knew we could come up with a great idea!

78

チームは疲れていますが、突破口が見えてきそうです。

ローレン　確かに、高級腕時計を買おうとしない人たちもいるわ。

潤　だから、高級腕時計を買う余裕はあるのに、まだ買ったことがないという人たちに焦点を当てる必要がある。

チャールズ　どうすればいいんだ？

潤　高級腕時計はとても良く作られている。ほとんどの中間層の腕時計よりも長持ちするんだ。長い目で見れば、消費者は高級腕時計を買うことによって実際には節約になる。高級ブランドとしてPeller Timepieceを宣伝するけれど、品質に焦点を当てるんだ。それが不可欠だと思う。

ローレン　わかった、潤！「Essential Luxury」はどう？　このキャッチフレーズはキャンペーンにぴったりだわ。

チャールズ　うん、悪くないね！

潤　まさにぴったりの表現だよ！

その後…

潤　いい知らせだ！　マーケティングプランをデボラに提示したら、とても気に入っていた！「Essential Luxury」は今回の提案の完璧なコンセプトだと同意してくれたよ。すぐに仕事を始める許可をくれた。

ローレン　素晴らしい。始めるのが待ちきれない！　私たちならいい考えが浮かぶってわかっていたわ！

STORY

Jun　Yeah, I guess we just needed to put our heads together.

Lauren　My head feels tired, Jun! If we're going to keep working, maybe we should start a pot of coffee.

Jun　Well, we have lots to do. Where's Charles? The three of us need to discuss the details.

Lauren　Oh, he wasn't in the meeting with you? I haven't seen him anywhere.

潤　その通り、一緒に考えることが必要だったんだ。

ローレン　ああ、頭が疲れた、潤。まだ続けるなら、コーヒーでもいれたほうがよさそうね。

潤　やることはたくさんあるよ。チャールズはどこだろう？　3人で詳細を話し合う必要がある。

ローレン　あれ、一緒に会議にいなかった？　見かけていないけど。

LANGUAGE FOCUS

- **in the long run:** 長期的な視点から物事を見ると

- **I've got it.:** いい考えがある。

- **tagline:** スローガン、キャッチフレーズ。記憶に残り、人を動かすことを目的とするユニークな言葉や表現

- **hit the nail on the head:** 完璧な解決策を特定する、問題を正確に理解する

- **the green light:** 承認

説得する

　説得するには、説得力のある理由と論理的な議論を提供して、自分が正しいのだと相手に納得させることが必要です。もちろん、納得させる方法はたくさんあり、議論の内容によって、説得するために使う理由や論理も変わってきます。議論をつなげるために、いくつかのフレーズや質問を使うことができます。

共通の土台を確立する

　議論の述べ方によって、共通の土台や合意を生み出すことができます。

No doubt you would agree (that)... （…に賛成するはずだ） **We both agree (that)...** （…に賛成している） **I think you understand (that)...** （…を理解していると思う） **Wouldn't you agree (that)...?** （…に賛成なさいますね？）	most customers appreciate high quality. （ほとんどのお客様は高品質を望んでいることを）

質問の語尾

　質問の語尾をつけると、同意を求める表現となり、相手を説得するときに役立ちます。

Quality is important, （品質は重要です）	**right?**（ね？） **isn't it?**（ね？） **isn't that right?**（そうですよね？） **don't you agree?**（同意しますよね？） **wouldn't you agree?**（同意なさいますよね？） **don't you think so?**（そう思いませんか？）

　最後に、副詞のconsequently、therefore、accordingly、soを使って前に言ったことを要約し、主なポイントを強調することができます。

Consequently, **Therefore,** **Accordingly,** **So,** （したがって、それゆえ）	we must focus on the quality of our products. （私たちは製品の品質に注目する必要があります）

こうした要素を組み合わせて、説得力のある議論をすることができます。

A:	**No doubt you would agree** that my sales performance has improved. 私の販売実績が向上したことについて、**間違いなく同意していただけるでしょう。**
B:	Yes, you're doing great this quarter! そうだね、この四半期はよくやっているね。
A:	It's only fair that top-performing salespeople be rewarded, **don't you agree?** 営業成績トップの者に報酬が与えられるのは当然です。**そう思いませんか？**
B:	Sure, I agree with that. もちろん賛成です。
A:	**So**, I'd like to request a 10% raise. **そこで**、10%の昇給をお願いしたいと思います。
B:	Hmm... うーん…。

気軽な質問と丁寧な質問

　職場で友人や同僚と話すときは、気軽な質問を投げかけることも多いかもしれません。しかし上司や顧客と話す場合は、丁寧に質問することを心がけたほうがよいでしょう。

直接的な質問と間接的な質問
ビジネスにおいて気軽な質問をするときは、直接的な質問を使い、丁寧な質問をするときは、間接的な質問を使う傾向があります。

直接的な質問
Yes/Noで答えられる疑問文
・パターン1：Am...? / Is...? / Are...? / Was...? / Were...?
・パターン2：Do...? / Does...? / Did...?

5W1Hの疑問文
　Who...? / What...? / Where...? / Why...? / When...? / How...?

間接的な質問
　Do you know...? / Could you tell me...? / May I ask...? / Do you mind telling me...? / Would I be able to ask you...? / Would it be possible to know...? / Do you mind if I ask...? / Can you let me know...?

直接的な質問を間接的な質問に変える
直接的な質問を、Could you tell me (if) ...? などの疑問文とつなげることで、間接的な質問に変えることができます。

パターン1： Yes/Noで答えられる疑問文（be動詞）
ルール： 主語＋動詞の順番になる
- **直接**：<u>Are you</u> the customer?（お客様ですか？）
- **間接**：**Could you tell me if** <u>you are</u> the customer?（お客様かどうか教えていただけますか？）

パターン2： Yes/Noで答えられる疑問文（一般動詞）
ルール： 主語＋動詞の順番になる
- **直接**：<u>Do you</u> have any questions?（質問がありますか？）
- **間接**：**Could you tell me if** you have any questions?（質問があれば教えていただけますか？）

パターン3： 5W1Hの疑問文（be動詞）
ルール： 主語＋動詞の順番になる
- **直接**：Where <u>is</u> the bathroom?（お手洗いはどこですか？）
- **間接**：**Could you tell me** where the bathroom <u>is</u>?（お手洗いはどこにあるか教えていただけますか？）

パターン4： 5W1Hの疑問文（一般動詞） **ルール**： 主語＋動詞の順番になる 　　• **直接**：When <u>does</u> the meeting start?（会議はいつ始まりますか？） 　　• **間接**：**Could you tell me** when the meeting starts?（会議がいつ始まるか教え 　　　ていただけますか？）
パターン5： 5W1Hの疑問文（助動詞） **ルール**： 主語＋動詞の順番になる 　　• **直接**：Where <u>can</u> I sit?（どこに座ればよいですか？） 　　• **間接**：**Could you tell me** where <u>I can</u> sit?（どこに座ればよいか教えていただけ 　　　ますか？）

直接的な質問の例

- <u>Am I</u> the first person to finish?
  私が最初に仕事を終えた人ですか？

- <u>Is it</u> time to start the meeting?
  会議を始める時間ですか？

- <u>Are you</u> ready to begin?
  始める準備はできていますか？

- <u>Was the customer</u> available?
  お客様は対応可能でしたか？

- <u>Were the customers</u> satisfied with the product?
  お客様は製品に満足していましたか？

- <u>Do you</u> know what time our meeting begins?
  会議が何時に始まるか知っていますか？

- <u>Does anyone</u> have any questions?
  質問のある人はいますか？

- Who <u>is</u> the manager of this company?
  この会社の経営者は誰ですか？

- Why <u>is</u> the office closed on Friday?
  なぜ金曜日に事務所が閉まっているのですか？

- What <u>does</u> the customer want to purchase?
  お客様は何を購入したいと思っているのですか？

- How <u>does</u> this new product work?
  この新製品はどのように動くのですか？

- Where <u>can we</u> have the company event?
  会社のイベントはどこで開催できますか？

間接的な質問の例

間接的な質問でよく使う次の表現を覚えておきましょう。

Do you know...? （知っていますか？）	Would I be able to ask you...? （お伺いしてもいいですか？）
Could you tell me...? （教えていただけますか？）	Would it be possible to know...? （教えていただくことはできますか？）
May I ask...? （お伺いしてもいいですか？）	Do you mind if I ask...? （お伺いしてもいいですか？）
Do you mind telling me...? （教えていただけませんか？）	Can you let me know...? （教えていただけますか？）

- **Do you know** if I am the first person to finish?
  私が最初に仕事を終えた人かどうか知っていますか？
- **Do you know** what our customer wants to purchase?
  お客様が何を購入したいと思っているかご存じですか？
- **Could you tell me** if it is time to start the meeting?
  会議を始める時間かどうか教えていただけますか？
- **May I ask** if you are ready to begin?
  始める準備ができているかお伺いしてもいいですか？
- **May I ask** where we can have the company event?
  会社のイベントはどこで開催できるかお伺いしてもいいですか？
- **Do you mind telling me** if the customer was available?
  お客様が対応可能かどうか教えていただけませんか？
- **Do you mind telling me** why the office is closed on Friday?
  なぜ金曜日に事務所が閉まっているのか教えていただけませんか？
- **Would I be able to ask you** if the customers were satisfied with the product?
  お客様が製品に満足しているかどうかお伺いしてもいいですか？
- **Would it be possible to know** how this new product works?
  この新製品の仕組みについて教えていただくことはできますか？
- **Do you mind if I ask** if you know what time our meeting begins?
  会議が何時に始まるかお伺いしてもいいですか？
- **Can you let me know** if anyone has any questions?
  何か質問があれば教えていただけますか？
- **Can you let me know** who the manager of this company is?
  この会社の経営者はどなたか教えていただけますか？

質問や意見を聞く前に挟むカジュアルな表現

　質問や意見を相手に聞く前に一言前置きを入れると、会話の流れがスムーズになります。こうして相手の都合を聞くことにより、いま声をかけていいかどうかを確認することができます。次の表現はかなり慣用的なので、これに対応する日本語がない場合もあります。

- I'd like to pick your brain.
  ちょっとお知恵を借りたいんだけど。
- Can I run something by you?
  ちょっと意見を聞かせてもらえますか？
- Do you have a minute?
  ちょっとよろしいですか？
- Hey, can I ask you something?
  ちょっと聞いてもいいですか？
- Can I get your two cents on something?
  ちょっと意見を聞かせてくれる？
- I'd like your feedback on something.
  フィードバックをもらいたいんだけど。
- Can I bounce something off you?
  一緒に考えてもらえないかな？

例：

A: Hey, John. **I'd like to pick your brain.** What do you think is wrong with our new product?
やあジョン。ちょっとお知恵を借りたいんだけど。うちの新製品のどこが悪いと思う？

B: Hmm, that's a good question…
うーん、それは良い質問だ…。

WATERCOOLER TALK

文化によって異なるコミュニケーションスタイル

　職場でのコミュニケーションに何らかの問題が発生した場合、その多くは文化の違いに起因することがあります。コミュニケーションスタイルの違いは言語を超えたものです。

　北米の職場では、社内のビジネスミーティングで、ほとんどの出席者が意見を述べることができます。上級管理職との大規模な会議であっても、会社のスタッフは質問したり、懸念を提起したり、意見を述べたりすることがありますし、意見を述べるよう求められることもよくあります。より正式な会議では、意見交換やQ＆Aの時間がアジェンダに含まれることもあります。

　会議で意見を述べることは重要ですが、常に意見を述べる人が評価されるわけではありません。沈黙が最善の場合もあります。

　read the room（空気を読む）は、話す前に状況を理解するのが重要であることを示す表現ですが、これは決して黙っていることの言い訳にはなりません。社員が会議に積極的に参加しなかったり、意見を言わなかったりすると、関心がないと解釈される可能性があります。リモート会議では、参加者が会議の内容に注意を払っているかどうかを判断するのはさらに困難です。したがって、don't speak unless you're spoken to（話しかけられない限り話さない）と考えるのは、職場においては避けたほうがいいでしょう。職場で積極的に関与しないことをcoasting（惰力走行）と呼びます。最低限求められている業務しか行わないようでは、出世は見込めません。

Chapter

出会い

潤のマーケティング提案が承認されました。忙しくなりそうです！　これまでの潤の実績と独自の視点は、新しい会社の同僚からも一目置かれています。その尊敬に値することを証明しなければなりません。成功へのプレッシャーを潤はひしひしと感じています。オフィスの外の新鮮な空気を吸ったら、高ぶった神経が鎮まるかもしれません。

EPISODE 4.1 🔊 Track 10
偶然の出会い

Deborah was thrilled with the marketing proposal. With the "Essential Luxury" proposal approved, Jun can feel the pressure to succeed. His head is spinning with a thousand different ideas, but he's exhausted. Jun slips outside to get some fresh air.

	Jun	Hey, watch out!

Jun pulls a man out of the pathway of an oncoming truck. They collapse on the sidewalk.

	Colin	Oh, what happened?
	Jun	Be careful! That truck could have hit you!
	Colin	Oh, I was just so distracted. Sorry, my mind was elsewhere…
	Jun	The streets are busy at this time of day. You need to look both ways before you step onto the street.
	Colin	Ah, you're right. I could have died! Thanks, I really owe you one!
	Jun	Don't mention it. Just be careful next time.
	Colin	Say, you're Japanese, aren't you?
	Jun	Yes, I am.
	Colin	I thought so! My name is Colin Matheson. I used to live in Japan, in Shiga Prefecture.
	Jun	Shiga? I went to university in Shiga, just outside of Otsu!

STORY

デボラは潤のマーケティング提案に感動していました。「Essential Luxury」の提案が承認されたことで、潤は成功へのプレッシャーをひしひしと感じています。いくつもの異なるアイデアが頭の中で回転して、疲れてきました。潤は新鮮な空気を吸うために外に出ました。

潤 おっと、気をつけて！

潤はこちらに向かってトラックが走る車道から男を引っぱり、2人は歩道に倒れ込む。

コリン 何があったんだ？

潤 気をつけて！　トラックにひかれていたかもしれない。

コリン ああ、注意していなかった。すまない、考え事をしていて…。

潤 この時間帯は、通りは混んでいます。通りに出る前に左右を見ないと。

コリン そうだね、あなたの言う通りだ。死んでいたかもしれない！ありがとう。本当に借りができた。

潤 気にしないで。次は気をつけてください。

コリン あの、あなたは日本人ですよね？

潤 そうですよ。

コリン 思った通りだ。私はコリン・マテソンといいます。以前、日本の滋賀県に住んでいたんです。

潤 滋賀？　私は滋賀にある大学の出身なんです。大津からすぐ近くですよ。

91

	Colin	What a coincidence! Look, are you in a hurry? Let me buy you a coffee. It's the least I could do.
	Jun	Well, I could use a break. Sure!

	コリン	なんて偶然なんだろう。あの、いま急いでいますか？ コーヒーをおごらせてほしい。せめてそれくらいさせてください。
	潤	確かに、休憩しようかな。じゃあ行きましょう！

LANGUAGE FOCUS

- **Watch out!:**「気をつけて」の意味。通常、相手の注意を引くための表現。

- **owe ... one:** …に借りができる

- **Don't mention it.:**「とんでもない」の意味。相手に対する自分の助けやサービスなど大したことではありませんよ、という気持ちを表します。

- **Say:**「あの」。言おうとしていることに注意を引くために使われるカジュアルな感嘆詞。

- **Look:**「あの」。言おうとしていることに注意を引くために使われるカジュアルな感嘆詞。

- **the least I could do:** 自分にできるほんの些細なこと

ビジネスでのコミュニケーション

警告する

下記の表現は、誰かに警告するときに使います。差し迫った危険について警告するためのものなので、丁寧でフォーマルな言い方でなくても構いません。以下の文はすべて命令形です。

Watch out!	気をつけて！
Watch where you're going!	前を見て！
Look out!	気をつけて！
Be careful!	気をつけて！
Get out of the way!	どいて！
Move!	動いて！
Don't move!	動かないで！
Run!	走って！
Duck!	かがんで！（よけて！）

感謝する

気持ちの度合いによって、感謝を表す表現はいくつかあります。感謝の基本表現をフォーマルな順に示します。

フォーマルな度合い		Thank you very much.
		Thank you.
		Thanks.

こうした基本的な感謝の表現以外にも、次の言い方があります。

I owe you one.　借りができました。	この3つの表現は、お金に関連する単語（owe/debt/repay）を使っています。受けた恩が大きな助けとなったため、助けてくれた相手に対して、借りたお金のように返す必要があるという意味があります。
I'm in your debt.　借りができました。	
How can I ever repay you? どうやってお返しすればいいのでしょう。	
I can't thank you enough. 感謝してもしきれません。	
Thanks for everything.　すべてに感謝します。	
Thanks a million!　本当にありがとう。	この表現はかなりカジュアルです。トーンによっては、皮肉に聞こえることもあります。

注：

申し出に対し、Thank you. を使って断ることもあります。たとえば、Thank you, no. や No, thank you. のように使われます。また、That's okay. も本質的に同じ意味です。

A: Would you like another piece of cake?　ケーキをもう1切れいかがですか？
B: Ah, **thank you, no**.　ああ、ありがとう、結構です。

A: What about another cup of coffee?　コーヒーをもう1杯いかがですか？
B: **That's okay**, I'm full.　大丈夫です、お腹いっぱいです。

お礼に対して謙遜する

誰かに感謝されたときの答え方は、定型表現がいくつかあります。カジュアルな表現からフォーマルな表現までを覚えておきましょう。

フォーマルな度合い	You're very welcome.
	You're welcome.
	It's my pleasure.
	My pleasure.
	It's nothing.
	Forget about it.
	Never mind.

謝罪する

時には、謝罪しなければならない状況に直面することもあります。謝罪の表現を、カジュアルな表現からフォーマルな表現まで覚えておきましょう。

フォーマルな度合い	I sincerely apologize.
	I'm profoundly* sorry.
	I apologize deeply.
	I apologize.
	I'm truly sorry.
	I'm very sorry.
	I'm sorry.
	Sorry.

*profoundly の他に、tremendously や incredibly なども使えます。

この他にも、謝罪するときに下記の表現を使うことができます。

I take full responsibility for this mistake. このミスは私が全責任を負います。	
I know I let you down. 失望させたのはわかっている。	let ... down とは「〜を失望させる」を意味します。
I really dropped the ball. 大きなミスをしてしまった。	失敗をスポーツのエラーにたとえています。
I owe you an apology. 謝らなければいけない。	

誤解を解く

他の人が自分の言葉や行動を誤解し、腹を立ててしまったときに、誤解を解消する便利な表現を紹介します。

表現	例文
There's been a misunderstanding. 誤解がありました。	• I'm afraid there's been a misunderstanding. 誤解があったのではないかと思います。
I didn't mean to/that... …するつもりはありませんでした。	• I didn't mean to hurt you. あなたを傷つけるつもりはありませんでした。 • I didn't mean that your work is bad. あなたの仕事が悪いという意味ではありませんでした。
It wasn't my intention to... …するつもりはありませんでした。	• It wasn't my intention to criticize the project. そのプロジェクトを批判するつもりはありませんでした。
I wasn't saying that... …と言ったわけではありません。	• I wasn't saying that I don't like your design. あなたのデザインが好きではないと言ったわけではありません。

頑張って！

誰かに感謝されたときに、You're welcome.（どういたしまして）と返事をすると、場合によっては、自分がしたことを認めたり、確かめたりしているように聞こえることがあります。あなたがしたことを控えめに言いたい場合には、Don't mention it.（とんでもない）を使ってみましょう。

A: Thank you so much!（どうもありがとう！）
B: **Oh, don't mention it!**（とんでもない！）

EPISODE 4.2

コーヒーショップでの雑談

Jun and Colin are looking for seats at a nearby coffee shop.

Colin   Here's your coffee, Jun. Let's sit over there by the window.

Jun   Thanks. So, you used to live in Shiga?

Colin   Yes! Back in the 1990s I lived in Otsu, not too far from Ogoto-onsen Station. Of course, back then it was just called Ogoto Station.

Jun   Oh, yes, I know it. There's a great view of Lake Biwa from the station platform.

Colin   Exactly! Well, I lived in Japan for a year after university. I was teaching English. That year in Japan changed my life.

Jun   Oh, really?

Colin   Really. I finished university, but I didn't know what to do with my life. Then one day I saw an amazing Japanese vending machine near a station. It didn't just have soft drinks, it had everything! I *fell in love with* it. I was inspired. I decided to introduce that kind of advanced vending technology to America. A few months later, I returned to the States and began developing my own prototype vending machine. *The rest is history.* Today, I'm the CEO of a company with thousands of high-tech machines across the country.

Jun   That's amazing!

Colin   It took a lot of work to build my own company *from the ground up*. But I enjoy a challenge.

STORY

潤とコリンは近くのコーヒーショップで席を探している。

コリン　コーヒーを持ってきたよ、潤。向こうの窓のそばに座りましょう。

潤　ありがとう。それで、あなたは滋賀にお住まいだったんですか？

コリン　そうなんです！　1990年代、大津のおごと温泉駅からそう遠くない所に住んでいました。もちろん、当時は雄琴駅と呼ばれていました。

潤　ああ、そうですね。駅のホームからは琵琶湖の絶景が望めます。

コリン　その通り！　大学卒業後は1年間日本に住んでいました。英語を教えていたんです。日本に住んでいたその1年は私の人生を変えました。

潤　本当ですか？

コリン　本当です。大学を卒業しましたが、その後の人生で何をしたいのかわかりませんでした。そんなある日、駅の近くで、素晴らしい日本の自動販売機を見かけました。ソフトドリンクだけでなく、何でも揃っていたんです！　**一目惚れしました**。それで閃いたのです。高度な自動販売機の技術をアメリカに紹介しようと。数カ月後アメリカに戻り、自販機の試作品を開発し始めました。**そんなこんなで**、現在、全国に数千台のハイテクマシンを持つ会社のCEOをしています。

潤　それは素晴らしい！

コリン　**まったくのゼロから**会社を築くのは大変なことでしたが、私にとって挑戦は楽しいものです。

STORY

Jun
Well, it's been a challenge for me to pursue a career in America, so I think I can relate.

Colin
I'm grateful for everything I have. But if it wasn't for you pulling me out of the way of that truck, everything might have been over. I really can't thank you enough. Oh, here's my business card.

Jun
Thank you, Mr. Matheson. Here's my card.

Colin
Call me Colin. Oh, I see you're working in advertising. That can be a cut-throat industry. I wish you all the best, Jun.

潤
アメリカでのキャリアを積むのは私にとって挑戦です。ですから理解できます。

コリン
私は持っているものすべてに感謝しています。でも、もしあなたが私をあのトラックの前から引き離してくれなかったら、すべてが終わっていたかもしれません。本当にお礼の言いようがありません。そう、これが私の名刺です。

潤
ありがとうございます、マテソンさん。私の名刺です。

コリン
コリンと呼んでください。広告業界で働いているんですね。過酷な業界ですね。うまくいくことを願っています、潤。

LANGUAGE FOCUS

- **fall in love with...:** …を急に好きになる、…にほれる
- **The rest is history.:** 「次に起こったことは知られている」という意味で、その話の前に述べます。
- **from the ground up:** まったくのはじめから
- **I can't thank you enough.:** 言葉だけではどれほど感謝しているかを十分に表現できないという意味。他の関連表現として、Words can't express how thankful I am.（私がどれほど感謝しているかを言葉で表すことはできません）があります。
- **cut-throat industry:** 成功が何よりも優先され、慈悲のない業界

コーヒーでもどうですか
——カジュアルなビジネスミーティング

　コーヒーは仕事中にリラックスする際にうってつけの飲み物です。同僚の間では、コーヒーブレイクは気軽なおしゃべりの時間であり、仕事から離れる時間です。しかし、クライアントや見込み顧客とのコーヒーブレイクは、生産的で信頼関係を築くミーティングになります。ここでは、相手をコーヒーブレイクに誘う際のフレーズを見ていきましょう。

将来いつか、一緒にコーヒーを飲もうという一般的な誘い

- Let's grab a coffee together sometime.
  いつか一緒にコーヒーを飲もう。
- Call me if you want to get a coffee sometime.
  今度コーヒーでも飲みたくなったら電話してね。
- Let's have coffee sometime.
  今度コーヒーを飲みに行きましょう。
- Let's do coffee sometime. *
  今度コーヒーを飲みに行こう。

  ＊do coffeeは他の3つの表現と比べて最もカジュアルでフレンドリーな響きがあります。

今すぐ一緒にコーヒーを飲もうという誘い

- Care to join me for a coffee?
  一緒にコーヒーを飲まない？
- Why don't we get some coffee?
  コーヒーでも飲まない？
- There's a café over there. Do you have time for a coffee?
  あそこにカフェがあるよ。コーヒーを飲む時間はある？

他の人のためにコーヒーを注文するときの質問

- How do you take your coffee?
  コーヒーには何を入れますか？

OVERTIME

聞き手や状況に応じた話し方

　日本語と同様に、英語でも状況に応じて話し方を変えることがあります。たとえば、聴衆の前で話すのは、1対1で話すのとは異なります。また、聞き手によって話し方を調整することもあります。とはいえ、英語ではそれほど難しくありません。聞き手に応じた話し方を見てみましょう。

面識のない人やクライアント、上司と話す

　面識のない人やクライアント、上司と英語で話すときは、尊敬を込めた話し方をすることが求められます。

声の特徴	● 声の音量がわずかに上がります。 ● 親切な声のトーンであることが必要です。見せかけの親切心は相手に悟られる可能性があります。相手に対して純粋に関心を持つことによって誠意を示せます。
呼びかけ	● 男性には、Mr. ...[苗字]と呼びかけるか、Sirと呼ぶこともできます。 ● 女性には、Ms. ...[苗字]と呼びかけるか、名前がわからない場合はMa'amと呼んでも構いません。 ● ファーストネームは、使用を許可された場合にのみ使えます。
質問するとき	● 間接的な質問を使います (→p. 83)。 ● 許可を求める質問には、Can I...?でなくMay I...?を使います。
話し方	● 完全文を使用します。 ● スラングや不適切な言葉は避けてください。
ボディランゲージ	● 会話では、自然なアイコンタクトを取るようにしてください。 ● 相手が立っている場合は、立って話し合う必要があります。座ったまま、立っている人に話しかけないでください。相手も座っている場合は座ったままで話しても構いません。 ● 腕を組まないでください。 ● ポケットに手を入れないでください。 ● その他の情報については、p. 104を参照してください。

オフィスでの社員と上司の会話を見てみましょう。

社員	Excuse me, Ms. Smith, may I ask you a question? スミスさん、すみません。質問してもよろしいですか。
マネージャー	Sure, Tom. What's on your mind? どうぞ、トム。何でしょう？
社員	Well, the new product is very interesting, but I can't understand the diagram in the manual on page 84. あの、新製品は非常に興味深いのですが、84ページのマニュアルの図がわかりません。
マネージャー	Oh, let me take a look. Have a seat. ちょっと見てみましょう。どうぞ座って。
社員	Thank you. ありがとうございます。

同僚と話す

声の特徴	● 声の音量は普通で、周囲に合わせたものであることが必要です。 ● 声のトーンはカジュアルでも構いませんが、親切な声色がよいでしょう。
呼びかけ	● 男性に対しても女性に対しても、ファーストネームで呼ぶことができます。 ● ニックネームを使用できます。ただし、その人について顧客や上司に話すときはニックネームではなく、その人の実際の名前を使用することをお勧めします。
質問するとき	● 直接的な質問を使います（→p. 83）。
話し方	● 文の一部だけでも通じますが、完全文にしたほうが理解されやすいでしょう。 ● スラングは1対1の会話で使われることがありますが、上司のいる場所で同僚と話すときはお勧めできません。 ● 不適切な言葉（→p. 115）は避けてください。
ボディランゲージ	● 会話では、自然なアイコンタクトを取るようにしてください。 ● 腕を組まないでください。 ● その他の情報については、p. 104を参照してください。

OVERTIME

前のページと同じ状況で、ある社員と同僚の会話を見てみましょう。上司との会話（→ p. 101）と違い、会話のスタイルはカジュアルなものになっています。

社員	Hey, Mary, can I ask you something? メアリー、ちょっと聞いてもいい？
同僚	Sure, Tom. What's up? もちろん、トム。どうしたの？
社員	Well, the new product's cool, but I can't understand the diagram in the manual on page 84. あの、新製品はすごくいいんだけど、84ページのマニュアルの図がわからないんだ。
同僚	Oh, let's see. ええと、ちょっと見せて。
社員	Thanks. ありがとう。

頑張って！

面識のない相手と顔を合わせて話すときは、緊張するかもしれません。おそらく最も難しいのは、会話を始めることです。こんなときは目の前の状況について述べると、相手も簡単に同意できて、会話を始めやすいでしょう。次のように話しかけてみてください。

A: There are many companies at this event, **aren't there?**
このイベントには多くの企業が参加しています、そうではありませんか？
B: Yeah, you're right!
そうですね！

Cultural Note

ビジネスでの謝罪の種類

　ビジネス場面で登場する3種類の謝罪について見てみましょう。自分が謝罪する必要がないと感じる場合でも、やむを得ず謝らなければいけない場合があるかもしれません。

Conditional apology（条件つき謝罪）： if節の「もし…なら」をつけることで、誤解の可能性があると伝える謝罪方法です。その誤解によって相手に不快感を与えてしまったかもしれないと強調しています。

- **If I've offended you,** I'm sorry.
  あなたを怒らせたなら、申し訳ありません。
- **If you thought I was blaming you,** I'm sorry.
  もし私があなたを責めていたと感じたなら、すみません。

Half-hearted apology（口先だけの謝罪）： 謝罪を受ける側からすると、不誠実に感じてしまう言い方です。文にアクセントをつけて言わないと、口先だけの謝罪と見なされる可能性があります。これを避けるためには、文のキーワードを強調しましょう（誇張しすぎると皮肉に聞こえてしまうかもしれませんので注意が必要です）。次の2つの例を見てください。

- **I'm really sorry.** ※口先だけ。単調な言い方、文の強勢なし。

- **I'm really sorry.** ※誠意がある。キーワードが強調されている。

Non-apology（謝罪風の謝罪）： 形だけで、中身が伴っていない謝罪。I'm sorry that... の後ろには、相手に対する批判が続きます。こうした言い方は失礼にあたるため、避けましょう。

- [NG] I'm sorry that you're so easily offended.
  あなたがすぐに気分を害してしまうのは残念です。
- [NG] I'm sorry that you can't take the truth.
  あなたが真実を受け入れられないのは残念です。

WATERCOOLER TALK

ボディランゲージとマナー

　会話で、たとえ文法的に正しい表現を使っていても、また意味が明確であっても、ボディランゲージによって伝わるメッセージがまったく異なってしまう場合があり得ます。

　基本的なボディランゲージが、欧米のビジネスのコンテキストでどのように解釈されるかを理解しておくことが重要です。一般的な例をいくつか見てみましょう。

使ってもよいボディランゲージ

動作	注
うなずく	相手が話しているときに、うなずきながら聴くと、注意して話に耳を傾けていることを示せます。また、合意または承認を示すこともできます。相手が話しているときに、たまにうなずくのは自然に見えます。うなずく際に動くのは頭だけで、肩や上半身は動かないことに注意してください。なお、うなずくのとお辞儀とは異なります。職場でお辞儀するのは、完全に場違いに見えます。
良い姿勢	立っている・座っているときに良い姿勢を取ると、相手に注意を向けていることが伝わります。
アイコンタクトを維持する	クライアントや上司・同僚と話したり、話しかけたりするときに相手の目を見ることは、敬意と注意を示すものと見なされます。
ほほえんでいる	他人にほほえむことは礼儀正しいと考えられています。たとえば、相手が話すときにほほえんだり、時にうなずいたりすると、会話に注意を払っていることが伝わります。クライアントと接するときも笑顔でいましょう。ただし、話し相手でない人に対してほほえんでしまうと、誤解を生む可能性もありますので注意してください。

お勧めしないボディランゲージ

動作	注
頭を片側に傾ける	頭を片側に傾けながら相手の話を聞いていると、その人が言っていることが間違っているか奇妙だと思っていると解釈されるかもしれません。
腕を組む	腕を組むことが自信や決意を示すこともあります。しかし、場合によっては防御的または攻撃的に見えるかもしれません。また、相手の話を聞いている場合に腕を組むと、異なる意見を表明しているように解釈される可能性もあります。

寄りかかる	椅子にもたれたり、テーブルの上で前かがみになったりすることは、退屈しているように見られる場合があります。クライアントや上司の前でそのような体勢を取ることは、プロフェッショナルではありません。
指をさす	相手に指先を向けないようにしてください。攻撃的で非難しているように見えます。他のオブジェクトを指したり、会議やプレゼンテーションで資料を参照したりするときに指をさすなら、状況によっては問題ない可能性もあります。
アイコンタクトを避ける	アイコンタクトを避けることは、自分自身への自信の欠如や他者への敬意の欠如と解釈される可能性があります。何か隠しているように見えるかもしれません。

　職場で他の人に不快感を与えないように、ボディランゲージ以外のマナーについても意識しておきましょう。

ドア	・他の人が先に部屋に入れるように譲りましょう。ドアを押さえて開けたままにしておくこともあります。 ・他の人より先に部屋に入る場合は、後ろの人のためにドアを押さえてください。ドアが他の人の目の前で閉まることのないようにしましょう。 ・戸口に立たないこと。
椅子	・他の人が割り当てられた椅子に座らないようにしましょう。 ・椅子を揺らさないこと。
洗面所	・トイレで知り合いに会ったとき、相手が何もしておらず手持ち無沙汰なようであれば挨拶しても構いません。 ・トイレでは通常、単純な挨拶以外の会話はあまり評価されません。 ・トイレで握手を求めないこと。 ・自分が使用しているトイレの個室のドアを誰かがノックした場合は、Yes, I'm in here. と答えます。
個人の机周り	・デスクの周りは整頓されているべきです。 ・自分の持ち物を他の人のワークスペースに置いておくのはよくありません。 ・シンプルな装飾（絵、植物、装飾品）は通常、許可されています。 ・個人用ワークスペースに家族の写真を表示するのは一般的なことです。

Chapter

5

ネットワーキング（人脈作り）

マーケティング戦略を決定した翌日、潤が職場にやってくると、驚くべきニュースを知ることになります。予想外の事態により、計画の変更を余儀なくされます。新たな挑戦の中で、潤はチームを成功に導く方法を決めなければなりません。

STORY

EPISODE 5.1
同僚の突然の退職

It's 9 AM the next day and Jun has just arrived at the office. Jun is greeted by Deborah. For some reason, Deborah does not appear to be her usual, friendly self.

Deborah: Morning, Jun. Please step into my office. Lauren is already here. We need to talk.

Jun: Sure. Oh, good morning, Lauren. Are you alright? You seem upset.

Lauren: Deborah can explain why.

Deborah: I received an email this morning which affects our team. Here, I printed it out. It's from Charles.

Jun: What? This is a letter of resignation! I can't believe it.

Deborah: Sadly, it's true.

Jun: I was just speaking with him yesterday. We created a great marketing plan. He seemed fine. Why did he quit?

Deborah: He didn't say. Maybe he wants a job that pays better. I made some phone calls. The rumor is that he has accepted a position at W & A Promotions.

Lauren: W & A Promotions is a company that operates nationwide. Knowing Charles, he probably wants to work at a company where he can distinguish himself. You know, climb the corporate ladder.

Jun: How did he get another job so quickly?

Lauren: He must have been talking to other companies all along.

STORY

翌日の午前9時、潤はちょうどオフィスに到着したところです。デボラは潤に挨拶しますが、なぜか、デボラのいつものフレンドリーさはどこかに行ってしまったようです。

デボラ　おはよう、潤。私のオフィスに来てくれる？　ローレンはもういるわ。話があるの。

潤　もちろん。おはよう、ローレン。大丈夫？　何かあったみたいだね。

ローレン　デボラが理由を説明してくれるわ。

デボラ　今朝、チームに影響するメールを受け取ったの。ほら、印刷したわ。チャールズからよ。

潤　何だって？　これは退職届じゃないか！　信じられない。

デボラ　悲しいことに、そうなの。

潤　昨日彼と話していたところだった。一緒に素晴らしいマーケティング計画を作成して、いつも通りだったのに。なぜ辞めたんだ？

デボラ　なぜかは聞いてないけど、もっとお給料の良い仕事がほしいのかもしれないわね。何度か電話してみたんだけど。噂によると、W & A Promotionsに転職するみたい。

ローレン　W & A Promotionsは全国展開している会社ね。チャールズのことだから、おそらく自分が頭角を現せる会社で働きたいと思っているんだわ。ほら、出世街道を歩んでいくのよ。

潤　どうしてそんなに早く別の仕事を見つけたんだ？

ローレン　おそらく、だいぶ前から他の会社と話していたのよ。

STORY

Deborah Your team finished some work on the Peller Timepiece marketing proposal. Maybe he used that data to land the job.

Lauren I should have listened to more of his ideas. Maybe he's mad at us.

Deborah True, Charles had some good ideas. But he shouldn't have left so suddenly.

Jun Well, this puts us back at square one. We'll need to rethink our strategy.

Deborah Look, this news about Charles is upsetting. However, we can still present a proposal to Peller Timepiece. Both of you need to go back to the drawing board and come up with something. In the meantime, there's other work I need you to do also.

Lauren What do you mean?

Deborah Our company is a sponsor for a golf event later this week. A lot of potential clients will be there, so it's an ideal networking opportunity. I want you both there.

Lauren Well, when it rains, it pours.

デボラ Peller Timepieceのマーケティング提案の仕事を終えたところだから、そのデータを使って仕事を見つけたのかもしれないわね。

ローレン もっと彼の考えを聞くべきだった。怒っているかもしれない。

デボラ 確かにチャールズには良い考えがあったけど、そんなに突然辞めるべきじゃないわ。

潤 これで振り出しに戻る。戦略を再考する必要があるね。

STORY

 デボラ　そうね、チャールズのニュースには確かに動揺させられたけど、私たちはまだPeller Timepieceに提案を出すことができるわ。2人とも最初に戻って何かいいアイデアを考え出す必要があるわね。ところで、他にもあなたたちにしてもらいたい仕事があるの。

 ローレン　他の仕事って何ですか？

 デボラ　うちの会社は、今週末に行われるゴルフイベントのスポンサーをしています。多くの見込み顧客が出席するので、理想的な人脈作りの機会なんです。2人には参加してほしいの。

ローレン　来るときは一気に来るというわけね。

LANGUAGE FOCUS

- **The rumor is...:** …と信じられている

- **Knowing...:** …のことだから、…について知っている範囲で判断すれば
- **You know:** 2つ以上の表現をつなげる決まり表現。ダイアローグでは、「he probably wants to work at a company where he can distinguish himself」と「climb the corporate ladder」という文をつなげています。

- **climb the corporate ladder:** より大きな権限と報酬をもらえるポジションに進む

- **land a job:** 「仕事を得る」。landは「手に入れる」の意味。漁師が魚を捕まえて陸に引き上げる様子を示します。

- **back at square one:** 振り出しに戻る

- **go back to the drawing board:** 最初に戻る、一連の作業や計画を最初からやり直す

- **When it rains, it pours.:** あるタスクで忙しいときに限って、他のタスクも同時に発生する傾向があること。また「あることが起こると、他のことも起こる傾向がある」という意味にもなります。

辞表

以下は、正式な退職届の形式の例です。

Charles Prescott①
4590 W 55th St
New York, NY 10015

August 14, 2024②

Deborah Richmond③
JMKY Marketing
2170 E 11th St, New York, NY 10027

Dear Deborah,④

Please accept this letter as formal notification that I am resigning my position as Branding Specialist at JMKY Marketing, effective immediately.⑤

I am very grateful for the opportunity to have worked with you, Lauren, and the rest of the marketing team. JMKY Marketing is an excellent company, and I have learned a lot in my years there.⑥

I wish everyone at JMKY Marketing the greatest success, and I hope to stay in touch in the future.⑥

Sincerely,⑦
Charles Prescott

C. Prescott

チャールズ・プレスコット①
4590 W 55th St
New York, NY 10015

2024年8月14日②

デボラ・リッチモンド様③
JMKY Marketing
2170 E 11th St, New York, NY 10027

拝啓　デボラ様④

JMKY Marketingのブランディングスペシャリストを本日付けで辞任する正式な通知として、この手紙をお送りします。⑤

あなたやローレン、そして他のマーケティングチームと一緒に仕事ができたことにとても感謝しています。JMKY Marketingは素晴らしい会社であり、多くのことを学びました。⑥

JMKY Marketingの皆様のご活躍をお祈りしております。今後ともよろしくお願いいたします。⑥

敬具⑦
チャールズ・プレスコット

C. Prescott

この退職届には基本的に7つの要素があります。その要素について、もう少し詳しく見てみましょう。

要素①： 書き手の名前と連絡先

自分の名前と連絡先を、退職届の上部に記載します。（この情報は、カスタムのレターフォーマットの場合、レターヘッドに含まれる場合があります）

要素②： 日付

手紙を送付する日付を記載します。

要素③： 受取人の名前と連絡先

受取人の名前と連絡先を、手紙の上部に記載します。

要素④： 挨拶

挨拶は受取人（この場合はデボラ）宛に書きます。ファーストネームだけでなく、次のように書くこともできます。
- Dear Deborah,
- Dear Deborah Richmond,
- Dear Deborah Richmond, Manager of Marketing,

挨拶文は、面識のない個人や部門に書かれることもあります。その場合は次のように書くことができます。
- To the Manager of HR,
- To the HR Department,
- Attention: HR Department,
- ATTN: HR Department,

要素⑤： 導入の文章

1つ目の段落では、手紙の趣旨、すなわち退職について明確に述べます。この例では、チャールズは予告なしに退職しました。彼はこれをeffective immediately（本日付け）と示しています。with immediate effectという言い方もあります。

通常、退職する際には一定の期間の事前通告をするものです。退職の意思を事前に会社に通知することをgive notice（通知する）といい、退職届の導入の文には、最終出勤日を明確に記載する必要があります。導入の文に予告期間を含めて書くと、次のようになります。

- Please accept this letter as formal notification that I am resigning my position as Branding Specialist, effective August 28, 2024.
  ブランディングスペシャリストとしてのポジションを2024年8月28日付で辞任する正式な通知として、この手紙をお送りします。

この辞表の日付（2024年8月14日）の2週間後は2024年8月28日になります。

113

要素⑥： 本文

本文の内容は、本人の退職を取り巻く状況によって異なります。退職の手続きを進めるにあたり、会社に役立つような申し出を含めることもできます。

- Between now and my final day, I am pleased to offer any help needed to facilitate my departure and to make this transition as smooth as possible.
  本日から最終日まで、退職を可能な限り円滑に進めるためにできることがあれば、喜んでお手伝いします。
- Please let me know if I can provide any assistance to make this transition as smooth as possible.
  退職を可能な限り円滑に進めるために何かできることがあれば、お知らせください。

p. 112の手紙の中で、チャールズは本文に感謝の表現を含めています。退職届に感謝の意を表すことは、退職前に会社との良好な関係を維持するのに役立ちます。本文の感謝の表現は次のように書くこともできます。

- I would like to thank you for your help and assistance over the years.
  長年にわたるご協力とご支援に感謝申し上げます。
- I have learned a lot during my time at the company, and I highly value this experience.
  会社で学んだことは多く、この経験を非常に高く評価しています。
- It has been a privilege working with you.
  一緒にお仕事できて光栄でした。
- Thank you for your help and support during my time with the company. It is greatly appreciated.
  在職中は大変お世話になり、ありがとうございました。とても感謝しています。

要素⑦： 最後の挨拶

簡単な終わりの挨拶で退職届を締めくくります。チャールズの手紙の中では、Sincerely, で締めくくられています。その他の挨拶には以下のものがあります。
- Kind regards,
- Best regards,

最後の挨拶の下に自分の名前を入れ、さらに手書きでサインを入れる場合もあります。

Cultural Note

友好な関係で退職する

　欧米では、転職は一般的なものです。業界を完全に変えない限り、今日の同僚が明日のクライアントになる可能性はかなりあります。また、ある社員が会社を退職して、再度戻ってくることもあり得ます。こうした理由から、友好な関係で退職することが重要です。Don't burn your bridges.（縁を切るな）ということです。

Cultural Note

職場での不適切な言葉

　不適切な言葉（four-letter words、swear words、profanityと呼ばれる汚い罵り言葉）を使うのはプロフェッショナルでないため、クライアントと会話する際には必ず避けなければなりません。しかし、同僚同士の会話で、時々そのような汚い罵り言葉を使う人もいます。英語学習者の中には、映画やテレビでこうした言葉を聞いて、英語ネイティブと話すときに使ってみたくなる人もいるかもしれませんが、これはお勧めできません。以下の理由から、特に職場では使わないでください。

1. そのような単語や表現が不快なものだと感じるネイティブスピーカーもいます。
2. 不適切な言葉を避け、丁寧な表現のみを使用することで、あなたの英語がより知的に聞こえます。
3. 不適切な言葉を使っているあなたの発言が周りに聞かれています。あなたに対するイメージが悪くなることもあります。

　あなたが不適切な言葉を使わないことに対して、からかってくる人もいるかもしれませんが、Oh, that's just not how I speak.（それは私の話し方ではない）と答えておきましょう。

STORY

EPISODE 5.2 🔊 Track 13
大手企業の CEO との出会い

It has been a challenging week. Charles' sudden defection to a major competitor was a big blow. Jun and Lauren have been working on another marketing proposal for Peller Timepiece, but it has not been easy. Today, they are attending an annual golf event held just outside the city. With so many businesspeople together in a relaxed atmosphere, it's a perfect opportunity for some valuable networking. Jun and Lauren are working at the check-in counter for attendees.

Lauren	It's a great day for golf!
Jun	Yeah, no kidding. This golf course is beautiful!
Lauren	Don't you have golf courses in Japan?
Jun	Yes, we do. But it's more common for golf enthusiasts to visit driving ranges in the city.
Lauren	Oh, it's so hot. I'm dying of thirst! Jun, if you get me a bottle of water, I'll watch the check-in counter.
Jun	Sure, no problem. Wait here.

While waiting in line for a bottle of water, Jun notices a man sitting at a nearby picnic table, drinking water. The man gets up to leave but doesn't realize that he has left his watch on the table.

Jun	Excuse me, you forgot your watch!
Kevin	Oh, thank you very much. I can be so forgetful sometimes.
Jun	Oh, Peller Timepiece. These are nice watches.
Kevin	Well, yes. I should know! It's my company, after all.

STORY

とても厳しい1週間でした。チャールズが大手の競合他社に突然転職したのは大きな痛手でした。潤とローレンは、Peller Timepiece に向けた別のマーケティング提案に取り組んでいますが、なかなかうまくいきません。今日、2人は郊外で開催される毎年恒例のゴルフイベントに出席しています。リラックスした雰囲気の中、多くのビジネスパーソンが集うこのイベントは、貴重な人脈作りに絶好の機会です。潤とローレンは参加者のチェックインカウンターで受付をしています。

 ローレン　絶好のゴルフ日和ね！

 潤　確かに、その通り。このゴルフコースは美しい！

 ローレン　日本にゴルフ場はない？

 潤　あるよ。でも、ゴルフ愛好家が市内のゴルフ練習場に行くほうが一般的だな。

 ローレン　ああ、とても暑い。喉が渇いて死にそう！　潤、チェックインカウンターは私に任せて、ペットボトルの水を持ってきてくれない？

 潤　もちろん。ここで待っていて。

水を待つ行列に並んでいると、潤は近くのピクニックテーブルに座って水を飲んでいる男性に気づきます。男性は立ち上がって歩き出しましたが、テーブルの上に腕時計を置き忘れていることに気づいていません。

 潤　すみません、腕時計を忘れていますよ！

 ケビン　あっ、どうもありがとう。時々忘れっぽくってね。

 潤　あ、Peller Timepiece。素敵な時計ですよね。

 ケビン　ええ、もちろん！　私の会社ですからね。

Jun	**Um**, you mean…

Kevin	Kevin Peller, CEO of Peller Timepiece. Nice to meet you.

Jun	I'm Jun Tanaka. I'm a digital marketing specialist at JMKY Marketing, here in the city. Our company is a sponsor of the event.

Kevin	Oh yes, I saw the name listed in the welcome package.

Jun	Do you play golf often?

Kevin	Not as much as I'd like to. I guess I don't have the time. **No pun intended.** But these events are great. Peller Timepiece sponsored a similar event a few years back. We raised money to beautify the public park in the town where I grew up—Elmsdale. It's a small community, so the funds we raised really helped a lot.

潤	**あの**、つまり…。

ケビン	ケビン・ペラー、Peller TimepieceのCEOです。はじめまして。

潤	田中潤です。ニューヨークにあるJMKY Marketingのデジタルマーケティングスペシャリストです。当社はこのイベントのスポンサーなんです。

ケビン	ああそうだ、ウェルカムパッケージに名前がありましたね。

潤	ゴルフはよくなさるんですか?

ケビン	もっとしたいと思うんだけど、時間がなくて。**駄洒落じゃありませんよ。**しかし、こういうイベントは素晴らしいですね。Peller Timepieceも数年前に同じようなイベントを主催したんです。私が育ったエルムズデールという町の公園を美化するために資金を集めました。小さなコミュニティなので、私たちが集めた資金は本当に役に立ったようです。

STORY

LANGUAGE FOCUS

- **No kidding.:**「その通りだ」（That's true.）の意味。kidは「冗談を言う」「深刻に考えない」という意味を持っています。kidを使った他の表現には以下のようなものがあります。
  - You're kidding.（冗談だろう）
  - You've got to be kidding me.（冗談言わないで）

- **die of thirst:**「とても喉が渇く」の意味。誇張表現として使われます。他にも、次のような誇張表現があります。
  - I'm tired to death.（疲れて死にそうだ）
  - I'm dead tired.（死ぬほど疲れた）
  - I'm dying of boredom.（退屈で死にそうだ）

- **um:** 発言をためらうときに発する声です。ワードウィスカー（word whiskers）と呼ばれるもので、口髭（ウィスカー）が口の邪魔になるように、ワードウィスカーがつくと、その後の言葉が会話の相手にとって聞き取りにくくなります。他の例としては次のようなものがあります。
  - Ah...
  - Well...
  - You know...

- **No pun intended.:** 駄洒落と思われることを言った後に「駄洒落じゃないよ」とつけ加える定型句です。上の例では、ケビンは自分の会社が時計を製造しているのに、十分な時間がないのが駄洒落と思われるかもしれないと考えたのでしょう。

ネットワーキングの際に使えるフレーズ

　既存の連絡先を使って新しい人に会うことを「ネットワーキング」と呼びます。次の表現は、新しい人と最初に出会うときに役立ちます。

共通の知人について言及する

　面識のない人に連絡することをcold callingと呼び、その連絡先の相手をcold contactと呼びます。あなたとその相手にはどんな関係もありません。ですが、もし共通の知人がいると、あなたが会う人はcold contactではなく、warm contactになり、このプロセスははるかにスムーズにいきます。面識のない人に最初に連絡を取るとき、次のフレーズは親近感を生み出すのに役立ちます。

I was given your contact information by Deborah Richmond. デボラ・リッチモンドから連絡先を教えてもらいました。
Deborah Richmond referred me to you. デボラ・リッチモンドから紹介されました。
Deborah Richmond suggested I contact you. デボラ・リッチモンドから連絡するよう提案されました。
I think we both know Deborah Richmond. お互いにデボラ・リッチモンドを知っていると思います。
Deborah Richmond said I should reach out to you. デボラ・リッチモンドがあなたに連絡するように言いました。

他の人を紹介する

　知り合いの2人を紹介するとき、次のフレーズが役に立ちます。

Allow me to introduce Lauren Smith. ローレン・スミスをご紹介します。
I'd like to introduce Lauren Smith. ローレン・スミスをご紹介させてください。
I'd like you to meet Lauren Smith. ローレン・スミスをご紹介します。

連絡先の情報を集める

　面識のない人を紹介してもらうだけで、より多くのwarm contactsを得られます。知り合いや会ったばかりの人からも紹介してもらうことができます。たとえば、秘書

や受付係にも、担当者が誰かを確認するために、質問することができます。

Who do you think I should speak to about this matter? この件について、どなたに話をすればいいですか？
Who do you think would be the best person to contact? 連絡するのに最適な方はどなたですか？
I'm wondering if you could point me to the right person. 適切な担当者を教えていただけませんか？
Who would be the best person to speak to about this matter? この件について話すのに最適な担当者は誰ですか？
I'm trying to contact someone in this department, but I'm not sure who to ask for. この部門の担当者に連絡しようとしていますが、どなたに依頼すればよいかわかりません。
Do you know anyone in that company? その会社のどなたかを知っていますか？
Could you connect me with someone in that company? その会社のどなたかとつないでもらえませんか？
I'm looking for a referral for someone in that company. その会社に勤めている方にご紹介いただけないでしょうか？
I know that person, but I'm not sure if he's the best person to contact. 私はその人を知っていますが、連絡するのに最適な人かどうかはわかりません。

　こうしたネットワーキングフレーズは、面識のない人から連絡を受けたときに感じる抵抗や躊躇を和らげるのに役立ちます。次の電話の例では、最初の抵抗がどのように克服されるかに注目してください。

A: Hello, I'd like to speak with John MacDonald, please.
　こんにちは、ジョン・マクドナルドさんとお話ししたいのですが。
B: This is John. Who's this?
　私がジョンです。どちら様ですか？
A: Oh, hi, John! My name is Jun Tanaka. I work with Deborah Richmond. She suggested I contact you.
　こんにちは、ジョン！　私の名前は田中潤です。デボラ・リッチモンドと仕事をしています。デボラの紹介でご連絡しました。
B: Oh, sure. What's up?
　ああ、そうでしたか。どうしましたか？

EPISODE 5.3

メーカーの CEO との会話

While Lauren watches the check-in counter, Jun and Kevin Peller continue to chat.

🙂	Jun	Mr. Peller, I've been trying to learn more about your company. It has great brand recognition.
🙂	Kevin	It's taken years to build that recognition.
🙂	Jun	And an effective marketing plan, no doubt.
🙂	Kevin	Of course, marketing has always played a role. As a matter of fact, just this week we agreed to partner with an agency. W & A Promotions. Probably you know a few of the people there.
🙂	Jun	Ah, yes, I do. It's a good company. I hope it goes well.
🙂	Kevin	Thanks. We're really paying through the nose, though! But I suppose it's natural that it costs a lot to advertise expensive products.
🙂	Jun	Well, your watches are beautiful. I'm sure lots of people would be proud to wear them.
🙂	Kevin	I hope so.
🙂	Jun	I was looking at your product catalog just the other day. I don't think I saw that watch you're wearing. Is it a new product?
🙂	Kevin	Well, I guess you could say it's a prototype. I'd like to produce an affordable watch without sacrificing our signature craftsmanship.
🙂	Jun	Oh, that's a great idea.
🙂	Kevin	But that's a conversation for another day. Jun, it was nice to meet you. Oh, and we're always happy to support these events. Here's my card. If you do this again, I'll be there.
🙂	Jun	Yes, of course. Nice to meet you, Kevin.

STORY

ローレンがチェックインカウンターにいる間、潤とケビン・ペラーは話を続けます。

 潤　　ペラーさん、御社についてもっと知りたいと思っていました。ブランド認知度がとても高くていらっしゃいますね。

 ケビン　ブランドが知られるようになるのに何年もかかりました。

潤　　そして間違いなく、効果的なマーケティングプランも必要でしたね。

 ケビン　もちろん、マーケティングは常にその一因です。**実は**、ちょうど今週、ある代理店と提携することに合意したところです。W & A Promotionですが、おそらくその会社の何人かをご存じでしょう。

 潤　　はい、そうですね。良い会社です。うまくいくことを願っています。

 ケビン　ありがとう。**十分な金額を支払っています**からね！　ただ、高価な商品を宣伝するのにコストがかかるのは当然なのでしょうね。

 潤　　御社の腕時計は美しい。この時計を身につけていれば、多くの人が誇らしくなると思います。

 ケビン　そう願いますよ。

潤　　先日、御社の商品カタログを見ていましたが、あなたがつけていらっしゃる時計には見覚えがありません。新製品ですか？

 ケビン　まあ、試作品と言ってもいいかな。当社が自負する職人技を犠牲にすることなく、手頃な価格の時計を生産したいと考えています。

 潤　　ああ、それは素晴らしいアイデアですね。

ケビン　それについては、また後日。潤、会えて良かったです。そして、いつでも喜んでこのようなイベントをサポートしますよ。これが私の名刺です。また次回お会いしましょう。

 潤　　ええ、もちろんです。お会いできて嬉しかったです、ケビン。

STORY

As Jun stands holding the business card, Lauren approaches.

Lauren   **Hey, what's the deal? Did you forget about my water, or what?**

Jun   **Oh, sorry, Lauren! I was just speaking to Kevin Peller.**

Lauren   **You mean the CEO of Peller Timepiece?**

Jun   **Yeah, he left me his card.**

Lauren   **Okay, I forgive you! Do you think we can schedule a meeting to pitch a marketing proposal to him?**

Jun   **We're too late, I'm afraid. They've signed on with W & A Promotions.**

潤が名刺を手に立っていると、ローレンが近づいてくる。

ローレン   ねえ、何があったの？　私の水を忘れたの？

潤   ごめんなさい、ローレン！　ケビン・ペラーと話していたところだった。

ローレン   Peller TimepieceのCEOのこと？

潤   名刺をくれたんだよ。

ローレン   それならいいわ！　マーケティング提案のためのミーティングをスケジュールできると思う？

潤   残念ながら、ちょっと遅かったよ。W & A Promotionsと契約したんだって。

LANGUAGE FOCUS

● **as a matter of fact:** actually（実際に）と同じような意味で、今まさに言おうとしていることに注意を促し、強調するために使われます。

● **pay through the nose:** たくさん支払う

● **What's the deal?:** どうしたの？

● **... or what?:** Yes/No疑問文の文末につけて、質問に対する答えが単純な「はい/いいえ」だけでないことがわかっているニュアンスを表します。

競合他社のことを肯定的に話す

　自分の会社や製品を宣伝したくなるのは当然の心理です。しかし、競合他社を批判して自社をアピールするのは良い戦略とは言えません。競合他社について語るとき、過度に否定的になるのは避けたほうが賢明でしょう。他社を中傷することを英語ではbad-mouth the competition（競合のことを悪く言う）といいます。

　逆に、競合他社について肯定的な発言をすることで、公平さと自社に対する自信を伝えることができます。競合他社に関する話題に多くの時間を費やすことは避けたいものですが、競合他社についてコメントすることで、あなたが公正で肯定的な人間であると感じさせることができます。ただし、競合他社やその製品・サービスについて説明する際には、過度に肯定的な表現は避けたほうが賢明です。

the best	
fantastic	ここで取り上げた形容詞は、競合他社について話すときに使うには肯定的になりすぎてしまいます。競合他社を宣伝するのではなく、あくまで話したいのは自社であることを忘れないでください！
stellar	
tremendous	
amazing	
great	
decent	
good	ここで取り上げた形容詞は肯定的ですが、過度ではないので、競合他社について話すときに使って問題ありません。
nice	
fine	

いくつか例を示します。

- Yes, XYZ Inc. is a fine company.
  はい、XYZ 社は良い会社です。
- Yes, they have nice products.
  はい、その会社には良い製品があります。
- Sure, that company has a decent team.
  確かに、その会社は良いチームですね。

STORY

EPISODE 5.4 🔊 Track 15
新規顧客開拓

The golf event is nearly over. Lauren is packing up some boxes at the check-in counter when Jun approaches.

Jun

Lauren, allow me to introduce Josh Lewis. Mr. Lewis is the manager of the organic food company I told you about earlier.

Lauren

Nice to meet you.

Josh

Likewise. Your colleague and I were talking, and I'd like to hear more about what your agency can do to help us attract more customers.

Lauren

Certainly! When are you available?

Josh

Now is as good a time as ever.

As Jun and Lauren lead Josh Lewis over to a shady spot where they can discuss possible marketing ideas, Lauren whispers to Jun.

Lauren

Jun, this is great! Maybe we won't come off empty-handed after all!

Jun

Mmm-hmm. Mr. Lewis was just telling me that he's planning to launch a whole new product line. This is perfect timing.

Lauren

Oh, and if he's the manager of an organic food company, maybe we'll get to try some free samples!

Jun

You must be hungry, Lauren. You're thinking with your stomach. Stay focused!

Lauren

Right!

STORY

ゴルフイベントはもうすぐ終わります。ローレンがチェックインカウンターで荷物を片づけているところに、潤が近づいてきました。

潤 ローレン、ジョシュ・ルイスさんをご紹介しましょう。ルイスさんは、以前にお話ししたことのあるオーガニック食品会社のマネージャーです。

ローレン お会いできて嬉しいです。

ジョシュ こちらこそ。あなたの同僚と話していたのですが、当社がより多くのお客様を引きつけるために、御社が何をしていただけるかもっとお伺いできますか。

ローレン もちろん！ ご都合の良いお時間はありますでしょうか？

ジョシュ 今はどうですか？

マーケティングのアイデアについて話し合うため、潤とローレンがジョシュ・ルイスを日陰に案内しながら歩いているとき、ローレンが潤にささやきます。

ローレン 潤、素晴らしいわ！ 結局、手ぶらでは帰らないかもね！

潤 うーん、そうだね。ルイスさんが、新しい製品ラインを立ち上げる予定だと言ってたんだ。完璧なタイミングだね。

ローレン ああ、オーガニック食品会社のマネージャーなら、私たち無料サンプルを試食できるかも！

潤 お腹が空いているんじゃない、ローレン。お腹で考えているようだね。集中して！

ローレン その通り！

STORY

LANGUAGE FOCUS

- **Likewise.:** 「私も同感です」という決まり文句。

- **Now is as good a time as ever.:** 「今すぐ」の意味。今が最も都合がいい、待っても事態が良くなることはない、といった意味合いがあります。

- **come off empty-handed:** ある状況や経験から何の利益も得ずに去ることを意味します。似たような表現に have nothing to show for...「…に対する成果をあげていない」があります。
  - Oh, we have nothing to show for all our hard work.（こんなに苦労したのに、結果として残せるものが何もない）

- **think with one's stomach:** 「胃袋の感じ方に基づいて決断する」。お腹が空いているせいで理性的な判断ができなくなっていることを表します。ダイアローグで、ローレンは空腹のため、顧客との会話ではなく無料のサンプルをもらうことに注意が向いてしまっています。対照的に think with one's head（頭を使って考える）は、理性的な頭を使って決断することを意味します。「use（動詞）＋体の部位」は、「何かを注意深く行う」ことを意味します。
  - Use your head!（よく考えなさい）
  - Use your eyes!（注意深く見なさい）

128

仕事以外のネットワーキング

プライベートの場面でも、ビジネスの人脈作りに役立つ機会が生じることがあります。誰かと話している際に、自分の仕事に関する話題が出るかもしれません。このようなネットワーキングは、特に仕事を探している際に役立ちます。人脈作りに役立つフレーズを見てみましょう。

自分は人とつながることに意欲的だと伝える

- Feel free to contact me.
  お気軽にご連絡ください。
- I'm always open to making new contacts.
  新しく知り合いができることはいつでも歓迎します。
- I'm happy to meet other professionals in the city.
  この街で他のプロフェッショナルの方々と出会えて嬉しいです。
- Feel free to reach out if I can help in any way.
  何かお手伝いできることがあれば、お気軽にご連絡ください。

連絡先を教える

- Here's my card.
  こちらが私の名刺です。
- Let me share my contact info with you.
  私の連絡先をお知らせします。

プライベートで人脈作りをするときは、一方的に相手から情報を得ることだけに関心があるような印象を与えないようにしましょう。次のような表現を使うと、相手は「利用されている」と感じてしまうかもしれません。

- [NG] Do you know anyone who might be interested in this product?
  この商品に興味がありそうな人を知りませんか？
- [NG] Can I have your phone number?*
  電話番号を教えていただけますか？

  *状況によっては問題ないかもしれません。ただし、直接的すぎると思われたり、誤解を生んだりする場合もあります。

ネットワーキングのためのメッセージ

　最近では、SNSやチャットを通じて仕事上のネットワークを広げる人も増えています。ネットワーキングを目的としたメッセージの例を見てみましょう。相手に実際に会ったことがあり、新しく築いた関係を強化したい場合と、会ったことがない相手の連絡先を入手してコンタクトを取る場合です。

実際に会った人に向けて

Hi John,

It was nice to meet you at the conference today. I'm happy we had the opportunity to connect. I appreciate the interesting questions you had! Feel free to reach out anytime.

Best,
Jun

こんにちは、ジョンさん

今日のカンファレンスでお会いできて良かったです。こうして連絡させていただけることを嬉しく思います。興味深い質問をしていただき感謝しています！　いつでもお気軽にご連絡ください。

よろしくお願いします。
潤

直接会ったことのない人に送るメッセージ

Hi John,

My name is Jun Tanaka. I attended the webinar you hosted earlier this week. I really enjoyed the points you made about print vs. digital advertising. I'd like to connect.

Best,
Jun

こんにちは、ジョンさん

田中潤と申します。今週はじめに開催されたウェビナーに参加しました。印刷広告とデジタル広告の違いについてのご説明がとても参考になりましたので、ご連絡させていただきました。

よろしくお願いします。
潤

　どちらの例も、メッセージは短くまとめられています。メッセージの中で具体的なことに言及し、誠意を示すことで、コミュニケーションがより適切なものになります。

WATERCOOLER TALK

デジタル時代のビジネスにおけるネットワーキング

ビジネスにおけるネットワーキングの重要性を表す表現として、It's not what you know, but who you know.（何を知っているかより、誰を知っているか）などがよく知られています。スキルと知識よりも、コネを活用する能力のほうが重要なことも多くあります。ビジネスにおけるネットワーキング自体は新しいものではありませんが、ビジネスのためにSNSでネットワーキングをするという慣習は新しいものです。

欧米では、ビジネス用のSNSサイトでプロフィールを作成するのが非常に一般的です。積極的にネットワーキングを行い、連絡先の数を増やしても問題はありません。転職活動中でなくても積極的にネットワークを構築し、顧客、同僚、友達とも気軽にSNSでつながります。また、企業がSNSで公式アカウントを作成し、社員間の連絡やつながりを促進することもあります。このようなネットワークがあると、誰かが転職した場合に、引き続きSNSを通して連絡できる利点もあります。ネットワークを作成することで、業界内の傾向や変化を観察することができますし、新しい機会について学ぶのにも役立ちます。

欧米でビジネス目的のSNS上でのネットワーキングが普及した理由の1つに、雇用動向の変化が挙げられます。1つの会社で生涯雇用されることはまれです。仕事や職種を変えるのも珍しいことではありません。さらに上のポジションに昇進するのを待つよりも、転職したほうが早く出世できると感じる人もいます。こうした理由から、ビジネス目的でSNSのアカウントを作ることが一般的になっています。

ビジネス目的のSNSアカウントは公開してあることが多いので、新しいコネクションを作成できる可能性が高くなります。ただし、このような公開プロフィールは、現在の雇用主、採用マネージャー、その他誰でも見ることができます。自分がどの情報を公開するかを検討する際には、細心の注意を払いましょう。プロフィールに不正確な情報を掲載してしまうと、評判やキャリアが損なわれる可能性があります。

Chapter

人事考課

JMKY Marketing では年に数回、全社員を対象に人事考課を実施しています。これにより、社員の成功を称え、弱点を認識することができます。潤はデボラからのレビューに目を通し、自分の成功についてデボラと話をしたいと思っています。デボラからのフィードバックを通してキャリアを前進させることができるでしょうか。

STORY

EPISODE 6.1 🔊 Track 16
上司との人事考課

> It has been a few months since the golf event. Following the event, several companies agreed to have JMKY Marketing design and manage their advertising campaigns. Meanwhile, in collaboration with W & A Promotions, Peller Timepiece launched a big, new ad campaign with the tagline, "Essential Luxury." Today, Jun is sitting in Deborah's office for his scheduled performance review.

 Deborah — Well, Jun, it's been about six months now. Do you feel like you've settled in?

 Jun — Yeah, I feel like I'm over the growing pains. Of course, the team here has made me feel welcome. That's helped a lot.

 Deborah — I was just taking some notes before you came in. You've landed four new accounts since you started. That's impressive.

 Jun — Thank you, Deborah. But I couldn't have done that without support from Lauren or yourself.

 Deborah — So, what do you think have been some of your greatest successes since you started?

Jun — Well, I'd like to start with new business development. In the first six months since I started, my team has presented marketing proposals to several potential clients—11 in total, according to my notes. Josh Lewis, the manager of the organic food company in Brooklyn, is a noteworthy example. I met him at the golf event a few months back.

 Deborah — And how did you follow up with him?

Jun — After that initial contact, I was able to schedule a meeting with him to present our proposal to design and manage a digital marketing campaign for his company. He agreed. With help from our whole team, the campaign was a success.

STORY

ゴルフイベントから数カ月が経ちました。イベントの後、いくつかの企業が JMKY Marketing に広告キャンペーンの設計と運営を委託することに合意しました。一方、Peller Timepiece は W & A Promotions と協力して、「Essential Luxury」というキャッチフレーズを使用した大規模な新しい広告キャンペーンを開始しました。今日、潤は予定されている人事考課のためにデボラのオフィスにいます。

 デボラ さて、潤、もう半年くらいになります。落ち着きましたか？

 潤 はい、苦悩の日々は過ぎ去ったように感じます。もちろん、このチームは私を歓迎してくれましたし、とても助かりました。

 デボラ あなたが来る前にメモを取っていたんだけど、ここで働き始めてから4つの新しい取引先を獲得しましたね。素晴らしいわ。

 潤 ありがとうございます、デボラ。でも、ローレンやあなたのサポートなしでは実現できませんでした。

デボラ では、ここで働き始めてからの最大の成功とは何だと思いますか。

 潤 ええと、まずは新規ビジネスの開発のことからお話ししたいと思います。入社してから最初の半年で、私のチームは何社かの見込み顧客にマーケティング提案を提示しました。私のメモによると、合計11社です。ブルックリンのオーガニック食品会社のマネージャー、ジョシュ・ルイスは特筆すべき例です。数カ月前のゴルフイベントで彼に会いました。

デボラ どうやって彼をフォローアップしたんですか？

 潤 最初にお会いした後、ミーティングを設定して、彼の会社のデジタルマーケティングキャンペーンを設計・運営するプロポーザルを提示することができました。彼は同意してくれ、当社のチーム全員の協力を得て、キャンペーンは成功しました。

	Josh was able to track a clear increase in sales for products featured in our campaign.
Deborah	I'm sure he's pleased with that result.
Jun	Yes, he is. Sarah Wilson, Mr. Lewis' administrative assistant, is in regular contact with our team. She informed me just this week that they intend to run another ad campaign through the spring. They want us to manage it.
Deborah	That's great. You'll have to let me know about that later.

	ジョシュには、キャンペーンで宣伝した製品の売り上げが増加したことをご確認いただけました。
デボラ	ルイス氏も結果に満足していただけていると思います。
潤	そうですね。ルイス氏の事務アシスタントのサラ・ウィルソンは、当社のチームと定期的に連絡を取っています。サラはちょうど今週、春まで別の広告キャンペーンを行うつもりだと知らせてくれました。その広告キャンペーンについても、当社に運営を委託してくれています。
デボラ	素晴らしい。それについては、後で教えてください。

LANGUAGE FOCUS

- **settle in:** 慣れる、快適に感じる

- **growing pains:** 最初の困難な期間

- **noteworthy:** 大切な、重要な

- **inform:** 「知らせる」の意味。informは、何かについて詳細な情報を人に伝える際に使われます。次のように、keepやstayと共に使われることもあります。
  - **keep ... informed（…［人］に最新情報を知らせ続ける）**
    - Please keep me informed. / I'll keep you informed.
      引き続き情報をお願いします。/ 今後もお知らせします。
  - **stay informed（最新情報を常に得る）**
    - She likes to stay informed on business matters in Japan.
      彼女は日本のビジネスに関する最新情報を常に得たいと思っている。

チームでの成功を語る

　チームのメンバーと協力する能力は、貴重なソフトスキルです。人事評価などでプロジェクトの成功について話すときは、チームメンバーがプロジェクトの成功にどのように貢献したかを伝え、メンバーへの感謝の意を表しましょう。

お勧めのパターンは、**couldn't have 〜 + without...（…なくしては〜することはできなかった）**です。以下に例を挙げます。

We	**couldn't have** （ことはできなかった）	succeeded （成功する） finished the project （プロジェクトを終える） made the sale （売り上げをあげる） done so well （良い結果を出す） won the award （賞を取る）	**without**	help from the team. （チームからの 助けなくしては）

　もう1つの便利な慣用表現は、**give credit where credit's due**です。これは基本的に、他人の貢献を認めるべきだという意味で使われます。口語ではこれを短縮してcredit where credit's dueと言うこともあります。

- Hey, I have to **give credit where credit's due**. Lauren helped a lot.
  ねぇ、ちゃんとお礼を言わないといけない。ローレンのおかげだよ。
- **Credit where credit's due**, Lauren. You helped a lot.
  お礼を言うよ、ローレン。君のおかげだよ。

　もう1つ覚えておきたい表現は、**owe (you) a debt of gratitude**です。これは誰かの助けに対してとても感謝していることを意味します。

- I **owe you a debt of gratitude** for all that you've done.
  あなたの貢献に感謝しています。
- I **owe a debt of gratitude** to the whole team.
  チーム全員に感謝しています。

EPISODE 6.2
今後の目標

> Jun's performance review is almost over. Before it ends, he would like Deborah to give him some clear goals for the next few months.

Deborah — New business development is important for our company. So far, you seem to be doing a good job, Jun.

Jun — Thanks! I'd also like to mention my role in strategic account management since I started at the agency. We've maintained an excellent retention rate for our existing accounts. Lauren has also played a big part in that success.

Deborah — So why do you think things have been going so well?

Jun — I've prioritized relationship-building with our existing clients. I don't view them as customers, but rather as long-term partners. This approach has really paid dividends.

Deborah — Jun, when you first came on, we sat down together and set some general targets for you to shoot for. You've hit a lot of these, but there have been some misses as well. For example, although overall revenue is up, the bulk of those profits are from only a few campaigns. A lot of our existing clients actually spent less with us, and we also lost a few. Why do you think that is?

Jun — Yes, that's something I also noticed. When I first came on, a number of these accounts were running campaigns with us. Over the last few months, some of these campaigns ended. So, in some cases I think this data reflects the scheduled completion of those projects.

STORY

潤の人事考課が終わろうとしています。その前に、潤は次の数カ月の明確なゴールをデボラから提案してもらうことを希望しています。

デボラ　新規ビジネスの開拓は会社にとって重要です。今のところうまくやっているようですね、潤。

潤　ありがとうございます。それと、入社して以降の、戦略的な取引先管理における私の役割についてもお話しさせてください。既存の取引先については、高い維持率を保持しています。ローレンもその成功において大きな役割を果たしました。

デボラ　ではなぜうまくいっていると思いますか？

潤　私は既存のクライアントとの関係構築を優先してきました。顧客ではなく、長期的なパートナーと考えています。このアプローチは実を結んでいます。

デボラ　潤、あなたが入社したとき、目指すべき目標を一緒に設定しましたね。その多くを達成しましたが、達成しなかったものもいくつかあります。たとえば、全体的な売り上げは増加していますが、その利益の大部分はごく少数のキャンペーンによるものです。多くの既存クライアントの売り上げは減り、またクライアントを何社か失いました。なぜだと思いますか？

潤　はい、私もそれに気づきました。私が当社で勤務をスタートさせたとき、こうした取引先の多くは当時キャンペーンを行っていました。この数カ月でいくつかのキャンペーンは終了したため、このデータはプロジェクトの完了を反映していると思います。

STORY

Deborah   Yes, that's my take as well. Overall Jun, I'm very pleased with your performance so far.

Jun   Thank you, Deborah. But I'm also eager to improve. I'd like the next quarter to be successful. What do you think success would look like in the next few months?

Deborah   Well, I'd like to see us gain new clients. But I'd also like to see some growth from current accounts.

Jun   In the next few months, how many new clients do you think we could realistically aim for?

Deborah   I suppose two or three decent accounts should be possible.

デボラ   私の見方も同じです。全体的に見て、これまでのあなたのパフォーマンスには非常に満足しています。

潤   ありがとうございます、デボラ。でも、まだ改善したいと思っています。次の四半期も成功させたいです。次の数カ月でどのような成功が見込めると思いますか？

デボラ   そうですね、新規クライアントを獲得したいですし、既存の取引先が成長するのも見てみたいと思います。

潤   今後数カ月の間に、現実的に何社の新規クライアントの獲得を目指すことができると思いますか？

デボラ   まずまずの取引先2、3社ほどが可能だと思います。

LANGUAGE FOCUS

- **pay dividends:** 利益を生む

- **come on:** 雇われる、入社する
- **shoot for...:** …（目標）として目指す

- **hit:** 達成する、成功する
- **miss:** 間違いや失敗

- **take:** 解釈

- **decent:** 「まともな、まずまずの」。ここで言うdecent accountとは、会社にとって十分な利益をもたらす取引先を意味します。

時間稼ぎに使えるフレーズ

　ここでは、何か問いかけられたときに即答できない場合、時間稼ぎで使えるフレーズをいくつか紹介します。言葉をつなぎながら考えをまとめるのに役立ちます。

相手の質問に対するコメント

- Hmm, that's a good question.
  うーん、それは良い質問です。
- Hmm, let me think about that.
  うーん、考えさせてください。
- Well, I have to think for a second.
  そうですね、ちょっと考える必要があります。

相手の発言に対するコメント

- Hmm, that's an interesting comment.
  うーん、それは面白いコメントですね。
- Hmm, I see.
  うーん、なるほど。

頑張って！

突然意見を求められたときは、少し緊張するものです。すぐに反応したい衝動に駆られますが、回答する前に少し間を置いても問題ありません。考える時間が必要である場合は、次のフレーズを使ってください。

A: Why do you think sales are down?
　なぜ売り上げが落ちていると思いますか。
B: **Well, let me see.**
　えー、そうですね。

感謝の気持ちを伝える

　ダイアローグの中で、潤は人事考課で自分の個人的な成功のいくつかを強調しつつ、他の人への感謝をも表明しています。ここでは感謝を表すさまざまな方法を見てみましょう。

パターン1:

I couldn't have	過去分詞	without	…（人）の助け

- **I couldn't have** finished the project **without** Lauren's help.
  ローレンの助けがなければプロジェクトを終えることはできませんでした。
- **We couldn't have** succeeded **without** your encouragement.
  あなたの励ましがなければ、私たちは成功することはできませんでした。

パターン2:

With help from	人や物	その結果…

- **With help from** our whole team, the campaign was a success.
  チーム全員の協力を得て、キャンペーンは成功しました。
- **With help from** the IT department, the problem was fixed.
  IT部門の協力を得て、問題は解決されました。

パターン3:

人や物	also played a part/role in that success

- Lauren **also played a** big **part in that success**.
  ローレンもその成功に大きな役割を果たしました。
- The new computer software **also played a role in that success**.
  新しいコンピュータソフトウェアもその成功に貢献しました。

Cultural Note

褒め言葉に反応する

　他の人から褒められたときに、どのように反応するのがよいでしょうか。欧米のビジネス場面では、個人の業績を重視しているかもしれませんが、賞賛を公然と受け入れることはあまり評価されません。賞賛への反応として自分の成功をdownplay（控えめに言う）するのが賢明です。他の人があなたの成功にどのように貢献したかに対して感謝を示す機会と見なしてください。

　他の人からの賞賛を公然と受け入れるよりもさらによくないのは、自分のことを賞賛することです。toot one's own horn（己の角笛を鳴らす、自画自賛）は、傲慢また高慢に見えます。職場の同僚はhumble brag（謙虚な発言に偽装した自慢）をすばやく感じ取るでしょう。

EPISODE 6.3
元同僚について

Time flies! Three months have passed since Jun's formal performance review. It has already been nine months since he started at JMKY Marketing. Jun and Lauren have been hard at work prospecting for new clients. In the meantime, they received confirmation that Charles Prescott was appointed as a lead marketing manager at W & A Promotions. It has been impossible to avoid exposure to the big ad campaign for Peller Timepiece. Jun is chatting with Lauren a few minutes before a scheduled meeting with Deborah.

Lauren: It still hurts. Every time I see an ad for Peller Timepiece, I'm reminded that Charles ripped off our idea.

Jun: I know. I feel the same way.

Lauren: Well, I guess his betrayal has paid off. As the marketing manager at W & A Promotions, Charles has the recognition and salary he's always been after.

Jun: Do you think that's why he quit?

Lauren: Once he told me that his talents weren't appreciated here.

Jun: I wonder if he was upset that Deborah hired me. After all, Charles might have expected to be selected as the leader of our marketing team.

Lauren: I didn't want to tell you at the time, but he was upset. He said that you didn't know the first thing about marketing here in North America. Charles said that your experience in Japan didn't qualify you for the job.

時間はあっと言う間に過ぎていきます！ 潤の正式な人事考課から3カ月が経過しました。JMKY Marketingに入社してからすでに9カ月が経っています。潤とローレンは、新規顧客の開拓に熱心に取り組んできました。一方、チャールズ・プレスコットがW&A Promotionsのリードマーケティングマネージャーに任命されたという知らせを聞きました。Peller Timepieceの大きな広告キャンペーンは嫌でも目についてしまいます。潤はデボラとのミーティングを予定している数分前にローレンと話しています。

 まだつらいわ。Peller Timepieceの広告を見るたびに、チャールズが私たちのアイデアを騙し取ったことを思い出すの。

 そうだね。同感だよ。

 彼の裏切りが報われたようね。W & A Promotionsのマーケティングマネージャーとして、チャールズは認められ、求めていた給料も手に入れたんだから。

 だから辞めたんだと思う？

 チャールズは、自分の才能がここでは評価されていないと言ったことがあったわ。

 デボラが僕を雇ったことに動揺していたのかな。結局、チャールズはマーケティングチームのリーダーに選ばれることを期待していたのかもしれないね。

 当時は言いたくなかったんだけど、彼は動揺していたわ。チャールズは、あなたが北米でのマーケティングについてまったく何も知らないと言ってたわ。日本での経験は、その仕事にふさわしくないって。

STORY

Jun	Really? And... what did you think, Lauren?
Lauren	Well, to be honest, I was surprised when Deborah said that she hired an international candidate.
Jun	Oh.
Lauren	But you're the right person for the job, Jun. You've got a fresh perspective. It's given the agency an edge. I think Deborah understood that when she hired you.
Jun	Thanks. Speaking of Deborah, I've got a meeting with her in a minute. Let's chat later.

潤	ほんとに？　それで…君はどう思った、ローレン？
ローレン	正直言うと、デボラが海外から候補者を採用したと言ったときは驚いたわ。
潤	そう。
ローレン	でも、あなたはこの仕事にふさわしいわ。新鮮な視点を持っているから。うちの会社に強みを与えてくれたわ。デボラがあなたを雇ったとき、それがわかっていたんだと思う。
潤	ありがとう。デボラと言えば、もうすぐ彼女とミーティングがあるんだ。後でまた話そう。

LANGUAGE FOCUS

- **rip off...:** …を盗む、…（アイデア）を真似て自分のアイデアとして主張する

- **talent:** その人が身につけた技術や生まれ持った能力

- **don't know the first thing about...:** the first thingには、「基本的なこと」や「まったく何も」という意味があります。たとえば、営業について何も知らない場合、I don't know the first thing about sales.（営業については、まったく何も知らないよ）と言えます。この会話でローレンは、北米でのマーケティングについての知識を潤が持ち合わせていないとチャールズが思っていた、と説明しています。

- **edge:** 利点

146

Cultural Note

フリーランスという働き方

テクノロジーの進歩とビジネス構造の変化により、雇用形態は多様化しています。今でも最も一般的で需要のある雇用形態が、フルタイムの正規雇用です。このような雇用形態を選ぶ求職者は、安定性、福利厚生、キャリアアップのチャンスに魅力を感じていることが多いようです。

しかし、フリーランスの仕事を選ぶ人も多く、欧米ではこのタイプがますます一般的になってきています。社員として定期的な収入源を確保しながら、side hustle（副業）として、あるいは臨時収入源としてフリーランスで働く人もいます。

欧米ではフリーランスに大きな社会的偏見がないことは注目に値します。履歴書にフリーランスの経験を書くことは、red flag（赤信号）でもなければ、懸念理由ともなりません。それどころか、主体性やユニークな経験の証明となるかもしれません。多くの熟練したプロフェッショナルにとって、フリーランスや個人請負のコンサルタントとして働くことは、自由を享受しながら、社員として働くより多くの収入を得るための方法です。たとえば、管理職の社員が、同じかそれ以上の報酬を得ながらリモートワークが可能なコンサルタントへの転職を選ぶことがあるかもしれません。実際、在宅勤務を希望する多くの人が、フリーランスの仕事を選ぶようになってきています。

新卒者や転職活動中の人は、get a foot in the door（門戸を開く）方法としてフリーランスから始めて、業界における最初の経験を得ることがよくあります。フリーランスとして働くことで、得られた人脈を活かして正社員として採用される可能性もあります。

しかし、フリーランスには明らかなデメリットがあります。たとえば、フリーランサーは会社の正式な社員とは見なされないため、不安定な面があります。仕事の契約は、時には予告なしに終了することもあります。また、一般的に福利厚生はありません。フリーランスにはadvantages and disadvantages、つまり有利な点もあれば不利な点もあるのです。

EPISODE 6.4
上司との再度の面談

A few minutes later, Jun is sitting in Deborah's office.

Jun: Thanks for taking a few minutes to chat, Deborah.

Deborah: No problem. I've been a little busy looking over some résumés. We're advertising a freelance administrative position. This last candidate has a strong résumé, but he's still missing some key skills. I'll have to send a rejection email later.

Jun: Oh, I see. Well, I don't want to take too much of your time.

Deborah: Don't worry about it. What's on your mind?

Jun: Well, I'd like to follow up on the conversation we had during my performance review.

Deborah: Oh, really? Sure, go ahead.

Jun: We discussed some short-term targets that I should shoot for. Specifically, I asked you what success would look like during the next quarter.

Deborah: Yes, I remember. I said I'd like to see growth from our current accounts, and some new business as well.

Jun: Yes, that's right. In addition to profitable account management, you said that you wanted me to bring in two or three new customers. Over the last three months, my team managed to successfully negotiate contracts with two new customers. We started these campaigns last month. Our data indicates that they're performing well.

Deborah: Yes, that was good work.

STORY

数分後、潤はデボラのオフィスに座っています。

 潤 　　　時間を取っていただきありがとうございます、デボラ。

 デボラ　問題ありませんよ。履歴書を見るのに少し忙しくて。フリーランスの事務職の求人を出しています。この最後の応募者の履歴書はかなりいいのだけれど、いくつかの重要なスキルが足りていないの。後で不採用メールを送らなければ。

 潤 　　　ああ、そうでしたか。時間をあまり取らせたくありません。

 デボラ　でも大丈夫。何について話したいの？

 潤 　　　もしよろしければ、人事考課の会話の続きがしたいのですが。

 デボラ　ああ、そうなのね。どうぞ始めて。

 潤 　　　前回、達成すべきいくつかの短期的な目標について話し合いました。具体的には、次の四半期の成功の見込みについてお伺いしました。

デボラ　ええ、覚えているわ。既存の取引先の成長や新規事業も見ていきたいと言ったわね。

潤 　　　はい、その通りです。収益性の高い取引先の管理に加えて、2、3社の新規顧客を獲得することを望んでいるとおっしゃいました。この3カ月間で、私のチームは2社の新規顧客との交渉を何とか成功させました。先月こうしたキャンペーンを開始して、データによると良好なようです。

デボラ　ああ、それは素晴らしい。

149

Jun	I want to give credit where credit's due. Lauren has been a major help. Also, we are currently in the initial planning stages with several existing clients for more projects. I know that you're aware of this work.
Deborah	It's been a busy couple of months.
Jun	So, I believe that I've met the short-term goals for success that we agreed upon in my performance review. And overall, I think that in my first nine months of work, I've met or exceeded the expectations for my role. For that reason, I'd like to request a raise commensurate with my performance.
Deborah	Oh, I see. And how much did you have in mind?
Jun	I feel like a four to five percent raise is reasonable.
Deborah	Alright, Jun, you've made your case. I do appreciate the work you've done over the months. Please leave this request with me. I'll get back to you in due course.
Jun	Thank you, Deborah.

潤	私は賞賛に値することは賞賛したいと思います。主にローレンが私を助けてくれました。また、現在、いくつかの既存のクライアントと、より多くのプロジェクトの初期計画段階にあります。こうした仕事についてはご存じと思います。
デボラ	ここ数カ月は忙しかったわね。
潤	ですから、人事考課で合意した成功の短期的な目標を達成したと思います。総体的に、最初の9カ月は自分の役割に対する期待を満たしているか、それを上回っていると感じています。そのため、自分のパフォーマンスに見合った昇給をリクエストしたいと思っています。

STORY

 デボラ　　ああ、そう。どのくらいの昇給を考えていたの？

 潤　　　　4〜5％の昇給が妥当だと思います。

 デボラ　　なるほど、潤、あなたの意見はわかったわ。この数カ月の間にあなたがしてくれた業務に感謝しています。この依頼は私に任せて、後で返事するわ。

潤　　　　ありがとうございます、デボラ。

LANGUAGE FOCUS

- **What's on your mind?:** 何を考えてるの？　何を話し合いたいの？

- **Go ahead.:** 続けて。

- **give credit where credit is due:** 「認めるべき功績は認める」（→p. 137）。
この表現は、他の人の仕事や貢献を認めるときに使用されます。「クレジット」とは、基本的に「承認/賞賛」を意味します。

- **commensurate with...:** …に等しい、…に匹敵する

- **make one's case:** 自分の意見を証明し、立場を説明する

- **in due course:** 適切なタイミングで

昇給の通知

　以下のデボラから潤へのメールを見てみましょう。デボラは潤の昇給について通知しています。

　従業員の評価制度や昇給についてのポリシーやプロセスは、会社によって違います。下記のメールの例は、とてもシンプルなものです。

Dear Jun,

Congratulations on finishing another successful quarter at JMKY Marketing! In acknowledgment of your hard work, we are happy to grant you a bonus of $1500.

Additionally, we are also happy to inform you that we have decided to grant you a 4% raise in your overall salary. We really appreciate your contribution to our overall success!

Congrats on this raise!

Deborah Richmond

潤様

JMKY Marketingでの今四半期も無事終了しました。おめでとうございます。あなたの働きに感謝して、1500ドルのボーナスを支給できることを嬉しく思います。

また、給与総額の4%の昇給を決定しましたのでお知らせします。JMKY Marketingの成功に貢献していただいたことに心より感謝します！

昇給おめでとう！

デボラ・リッチモンド

WATERCOOLER TALK

昇給の交渉

　給料は年月と共に上がっていくのが理想です。どのタイミングで、どの程度給料を上げるのかについてポリシーを定めている企業もありますが、このプロセスがそれほどはっきりとしていない企業もあるでしょう。給料アップを交渉するために、社員には何ができるかを考えてみましょう。

方法 1: Self-evaluation（自己評価）

　上司に自分の価値を証明する方法の1つに **self-evaluation**（自己評価）と呼ばれるプロセスがあります。基本的には、業務を改善するために行ったことをすべて具体的に記録します。細かいことは忘れやすいので、まめにメモをつけておくことで正確な記録にすることができます。自己評価を継続的に行い、上司に対して **prove your worth**（自分の価値を証明する）ことができます。これは、潤がデボラとの面談で使った方法です（→p. 148）。

　昇給について上司と面談する際に、**managed to**（何とかできた）、**was able to**（できた）といった表現を使って、自分の実績に言及することができます。

実績	表現の例
increase sales by 10% 売り上げを10%伸ばす	In the last quarter, I **managed to** increase sales by 10%. 前四半期は、何とか売り上げを10%伸ばすことができました。
complete a project early プロジェクトを早期に完了させる	By organizing the team, I **was able to** complete the project early. チームをまとめることで、プロジェクトを早期に完了させることができました。

方法 2: Seeking a Promotion（昇進を求める）

　昇進には昇給も含まれる可能性が高いので、これも間接的に給料を交渉する方法と言えます。どのように昇進を求めることができるでしょうか。1つの方法は、自分がやりたいと思っているポジションの仕事を積極的に始めることです。たとえば、営業マネージャーになりたいと思っている営業担当者の例を考えてみます。営業マネージャーの責任の1つは、新しい営業担当者を教育することです。そこで、自分から新しい担当者の教育係に立候補することができます。これによって、あなたが社員として会社に価値をもたらしていると示すことができます。

　ただし、これは慎重に試みることが必要です。自分の役割以外の責任を負おうとすると、**over-stepping**（権限を越える）、つまり自分の権限範囲を越えて同僚の仕事を妨害していると見なされる可能性もあります。**step on another person's toes**（人のつま先を踏む、人の領域を侵害する）は、「人の邪魔となる、人の役割を横取りす

る」という意味になります。

方法 3: Leveraging an Offer（内定の活用）

leveraging an offer（内定の活用）とは、他社からの内定を利用して、自分の会社でより良い条件で働けるよう交渉することを意味します。ただし、これはリスクが高い方法です。他の給与交渉の方法がうまくいかなかった場合の**an option of last resort**（最後の手段）と考えたほうがいいでしょう。

この方法を使うにあたって、今の会社を辞めて新しい会社で働き始めることも真剣に考える必要があります。他社からの内定を上司に伝えることで、現在の会社との関係が著しく損なわれてしまう可能性もあります。また、この方法によって現在の会社で給料アップの交渉がうまくいくのであれば、それは**burning your bridges**（橋を燃やす）、つまり内定を出してくれた他の会社との関係を損なう可能性が高くなります。あなたとの面接に多くの時間を費やしてくれた会社は、あなたが内定辞退を決めた場合、とても失望するでしょう。

他社からの内定をうまく活用して給与アップが実現できた場合は、あなたが今の上司との信頼関係を築き、社員としての価値を証明できたということを意味します。

以下の会話例を見てみましょう。

Employee	Bob, I wanted to let you know that I've been offered a position at XYZ Company.	ボブ、お伝えしたいことがあります。実はXYZ社から内定をいただきました。
Manager	Oh, really? What kind of position?	本当？　どんなポジションなんだ？
Employee	It's a sales manager position. I wanted to let you know that I'm considering it.	営業マネージャーのポジションです。まだ考えているところです。
Manager	Okay, I see.	そうなのか。
Employee	As you know, I've wanted to move into that kind of role for a while now. I'm not taking this decision lightly.	ご存じの通り、以前からこのような仕事をしたいと思っていました。この決断を軽く考えているわけではありません。
Manager	Well, we'd rather not lose you. Don't make a decision just yet. Let me get back to you.	そうか、君を失いたくはないよ。まだ決断しないでほしい。後でまた話をさせてくれないか。

上の例で、社員は、他社から内定をもらったことは伝えたものの、提示されたポジションの給与については伝えていません。

基本的に、給与交渉にはさまざまな方法が考えられます。どの方法を選ぶかは、あなた自身や会社の状況によって決めることができるでしょう。

Chapter

顧客サービス

潤の仕事は、周りの人々とのコミュニケーションが中心になっています。毎日同僚とやり取りして、チームで働くこともあれば、顧客と話すこともあります。お客様の話に耳を傾け、問題を解決することが、そのコミュニケーションの主な内容です。現在のプロジェクトのいくつかをチームがレビューする中で、新旧の顧客とコミュニケーションを取る潤の能力が試されます。

STORY

EPISODE 7.1

🔊 Track 20

ミーティングを切り上げて

It's 4 o'clock on Thursday. Jun and the members of the marketing team are in the boardroom. They are reviewing metrics from a social media ad campaign they launched last week. The data is favorable, but everyone seems a little tired after lunch. Jun is asking Daniel, a member of the team, about some details.

Jun   **This slide demonstrates the click-through rate for our banner ads versus our full-page ads. I guess we're getting slightly more engagement with banner ads. Daniel, did we complete the designs for the new series of banner ads?**

Daniel   **Uh, sorry, what did you say?**

Jun   **Are the new banner ads ready to show the client?**

Daniel   **Um, maybe. The mock-ups are somewhere here in my files. Let me see…**

Lauren   **Jun, it's late in the afternoon. Everyone's brain is fried.**

Jun   **Yeah, maybe we shouldn't schedule these meetings so late in the week. You know what? Let's end here. We can pick this back up on Monday.**

Daniel   **Sure, sounds good. I'll have everything ready by then.**

Jun   *Otsukaresama.*

Daniel   **Huh?**

Jun   **Sorry, that's Japanese. It basically means "Thanks for your hard work," but I feel like the Japanese phrase captures the idea better.**

Lauren   **Okay, *Ochi-kari-sama!***

Jun   **Close enough. Anyone want to grab a coffee?**

Lauren   **Sure, count me in.**

Jun and Lauren walk through the office on their way to the coffee shop.

STORY

木曜日の4時です。潤とマーケティングチームのメンバーは会議室にいます。
先週開始したソーシャルメディア広告キャンペーンの指標を確認しています。
データは良好ですが、昼食後なので誰もが少し疲れているようです。潤は、
チームメンバーのダニエルに詳細について質問しています。

潤		このスライドは、バナー広告と全画面広告のクリック率を示しています。バナー広告へのエンゲージメントは少し増えています。ダニエル、バナー広告の新シリーズのデザインは完成しましたか？
ダニエル		すみません、何ですか？
潤		新しいバナー広告はクライアントに提示する準備ができていますか？
ダニエル		ええと、たぶん。試作品は私のファイルのどこかにあります。どこかな…。
ローレン		潤、午後も遅くなってきました。**みんな疲れているわ。**
潤		そうだね、こういう会議を週の後半にスケジュールするべきじゃないね。**じゃあ、ここで終わることにしましょう。**月曜日に**続きを話し合いましょう。**
ダニエル		いいですね。それまでにすべての準備を整えておきます。
潤		オツカレサマ。
ダニエル		え？
潤		ごめん、日本語だよ。基本的には「あなたの仕事に感謝します」という意味なんだけど、日本語の表現のほうがピッタリくる感じがして。
ローレン		じゃあ、オチカリサマ！
潤		いい線いってるよ。誰かコーヒーでも飲みに行かない？
ローレン		もちろん、**私も仲間に入れて。**

潤とローレンはオフィスを通ってコーヒーショップに向かいます。

1 応募と面接
2 自己紹介
3 会議
4 出会い
5 ネットワーキング
6 人事考課
7 顧客サービス
8 職場での課題
9 オファー・提案
10 プレゼンテーション
11 出張と商談
12 1年を振り返って

157

STORY

Lauren Sometimes I forget that you had to learn English, Jun. You sound so natural. You know, I'd like to learn another language, but it seems so difficult. What's your secret?

Jun There's no secret, really. I still try to study a little every day. And of course, I use English at work, so that helps.

Lauren So that's it? Just study and speak?

Jun Well, motivation is important too. I was always motivated to be here, working in New York.

Lauren Hmm, so what should be my motivation?

Jun That's a question only you can answer, I guess.

ローレン 潤、あなたが英語を勉強しなければならなかったこと、時々忘れてしまうわ。とても自然に話しているから。私も外国語を習いたいんだけど、難しそう。言語学習の秘訣は何？

潤 秘訣なんてないさ。いまだに毎日少しずつ勉強するようにしている。もちろん、英語を仕事で使っているから、助かってるよ。

ローレン じゃあそれだけ？　勉強して話すだけ？

潤 あとは、モチベーションが大切だね。ニューヨークで働きたいっていうのがずっとモチベーションになってきたんだ。

ローレン うーん、私は何をモチベーションにすればいいのかしら？

潤 それは君にしか答えられない質問だと思う。

LANGUAGE FOCUS

- **Everyone's brain is fried.:**「みんな本当に疲れている」という意味。この文脈では、friedはburnt out（燃え尽きた）に似ています。どちらも、電気システムや機械が消耗したり突然機能しなくなったりすることを説明するのにも使われます。

- **You know what?:**「ねえねえ」「あのね」。言おうとしていることに注意を引くための口語的なフレーズ。

- **pick ... back up:** …（作業やプロセス）を続行する

- **Count me in.:**「自分を含めてほしい」または「参加したい」という意味。

- **I guess:**「…と思う」。I guessは文末にも文頭にも使われます。

158

バイリンガリズム

　自分の英語力について、なかなか上達せず不安になることがあるかもしれません。ですが、視点を変えてみましょう。あなたには他の人にはないユニークな長所があるのです。

あなたの長所：
ネイティブの日本語力＋上達途中の英語力＋独自のスキルセットと能力

　個人の目標を達成するために、自分自身ほど適した人材は他にはいません。このことを念頭に置いて、バイリンガルであることがいかにユニークな人材であるかを説明できる表現をいくつか挙げてみましょう。

面接の際に

- As a bilingual candidate, I can reach a wider audience for your products/services.
  私がバイリンガルであることで、御社の製品 / サービスをより多くの人に知ってもらうことができます。
- Learning English has helped me appreciate the importance of good communication.
  英語を学ぶことで、コミュニケーションの重要性を理解することができました。
- I believe having a bilingual team could make your company stronger.
  バイリンガルチームを持つことで、御社をより成長させることができると思います。
- I'm not afraid to learn new things. After all, I had to learn to communicate in English.
  新しいことを学ぶのを恐れていません。何しろ、英語でのコミュニケーションを学ばなければなりませんでした。

普段の生活では

- Yes, I'm bilingual. I speak English and Japanese.
  はい、バイリンガルです。英語と日本語が話せます。
- That's an interesting English expression! In Japanese, we say...
  面白い英語表現ですね！　日本語では…といいます。

EPISODE 7.2
取引先の心変わり

Later, at the coffee shop on the first floor of their office building...

	Lauren	So, are there other Japanese phrases that are hard to translate?
	Jun	Ah, yeah, I think so. For example, in Japan we say *Ganbatte kudasai!* a lot.
	Lauren	What does that mean?
	Jun	Well, it's a little contextual. Basically, it means "try your best," or "go for it."
	Lauren	Interesting. Oh, is your cellphone ringing?
	Jun	Oh, yeah! A customer is calling me.
	Lauren	*Ganbatte kudasai!*

The caller ID on Jun's cellphone says "Bill Johnson," a new customer. Jun answers the phone.

	Jun	Hello, this is Jun.
	Bill	Jun, Bill Johnson here.
	Jun	Hi, Bill! How are you?
	Bill	I've been better. Look, Jun, I've been reviewing the material your people sent over for our advertising campaign. To be frank, I don't like any of it.
	Jun	Oh, really? What was the problem?
	Bill	Well, I had just finished the meeting with your team when I got a phone call from another marketing agency. They're promising to deliver the same results at a lower cost. Why are you overcharging me?

その後、オフィスビルの1階にあるコーヒーショップで…

 ローレン　　訳しにくい日本語のフレーズは他にもあるの？
 潤　　　　　ああ、そうだね。たとえば、日本では「頑張ってください！」とよく言うよ。
 ローレン　　それはどういう意味？
 潤　　　　　まあ、場合によるんだけど、基本的にはtry your bestやgo for itという意味なんだ。
 ローレン　　面白いわね。あれ、携帯鳴ってる？
 潤　　　　　あ、ほんとだ。お客様からの電話だ。
 ローレン　　ガンバッテ・クダサイ！

潤の携帯電話には新しい顧客「ビル・ジョンソン」の名が表示されています。
潤は電話に出ます。

 潤　　　　　こんにちは、潤です。
 ビル　　　　潤、ビル・ジョンソンです。
 潤　　　　　やあ、ビル！　調子はどうですか？
 ビル　　　　まずまずだね。潤、ちょうど君たちから送ってもらった広告キャンペーンの資料を確認しているところだよ。率直に言って、どれも気に入らないね。
 潤　　　　　本当ですか？　何が問題だったんでしょうか？
 ビル　　　　君たちとの会議を終えた後すぐに、あるマーケティング代理店から電話がかかってきたんだ。彼らは、より低いコストで同じ結果を提供することを約束している。君たちはなぜ過剰に請求しているんだ？

Jun	Bill, I can assure you that we're not overcharging you, and not **overpromising** on what we can deliver either. I don't know what that other agency told you. But based on the scale of your campaign and the results you are hoping to achieve, our proposal is a fair one. Look, we are still in the initial stages. We can go back to the drawing board until we have a marketing strategy that **feels right** for you. **What do you say?**
Bill	Forget it. Jun, I'm **taking my business elsewhere**.
Jun	Bill, I wish you would reconsider. I'm sure we can come to an agreement.
Bill	Sorry, Jun. I'm **passing**. Goodbye.

The customer abruptly ends the call.

Lauren	I only got one side of that conversation, but I know it didn't go well.
Jun	We lost the account. We need to talk to Deborah about this.

潤	ビル、私たちは決して過剰な請求はしていませんし、**過剰な約束も**していません。他の代理店が何を言ったか知りませんが、御社のキャンペーンの規模と達成目標を考慮すれば、私たちのご提案は妥当なものです。まだ初期段階です。御社に**ふさわしい**マーケティング戦略ができるまで最初から練り直すこともできます。**いかがですか？**
ビル	忘れてくれ。潤、**別のところにお願いする**よ。
潤	ビル、考え直してくれませんか。きっと話し合いで合意できると思います。
ビル	すまないが、潤、**今回は見送る**よ。さようなら。

顧客は、突然電話を切りました。

ローレン	こっち側の会話だけを聞くと、うまくいかなかったようね。
潤	取引先を失ってしまった。デボラに報告しないと。

STORY

LANGUAGE FOCUS

- **your people:** ここで使われるpeopleは文字通りの意味で、同じチームまたはグループの人々を指します。my people、his/her people、their peopleなど、人々の代表や、権威を持っている人に対して使われます。

- **To be frank:** 正直に言って、率直に言って

- **overcharge:** 過剰に請求する

- **overpromise:**「過剰に約束する」。overchargeやoverpromiseのように、接頭辞のover-がついた動詞は、行動や活動が過度であることを表します。次の表は、その他の一般的な例です。

overcharge	過剰に請求する
overdrink	飲みすぎる（通常はお酒）
overeat	食べすぎる
overextend	拡大しすぎる
overindulge	食べたり、飲んだり、何かを楽しんだり、アクティビティをしたりしすぎる
overpay	お金を払いすぎる
overpromise	約束しすぎる
overreach	実際に手に入れる能力を超えたものを手に入れようとする
oversleep	寝すぎる

注：「動詞 + over」の熟語の場合は意味が異なり、通常「徹底的にまたは慎重に行う」ことを表します。たとえば、think over...（…を慎重に考える）、talk over...（…について相談する）、look over...（…に目を通す）などがあります。

- **feel right:** 正しく見える

- **What do you say?:** 基本的に、What do you think about it?（あなたはそれについてどう思いますか？）またはDo you agree?（同意しますか？）という意味です。

- **take one's business elsewhere:** 他社と取引する、他社から購入する

- **pass:** オファーまたは機会を拒否する

OVERTIME

顧客へのEメール

　顧客へEメールを送る場合の英文は常に丁寧であるべきです。ただし、コミュニケーションのトーンは目的によって異なります。潤がクライアントに送る2つのメールの例を見てみましょう。

Eメール1： トラブル対応

Dear Mr. Johnson,

Thank you for your phone call earlier today.①

You raised an important issue② on the call. **I'm very sorry to learn that you are dissatisfied with**③ our proposed marketing strategy for your company. **Thank you for coming to me directly with this issue.**③

I'd like you to be totally confident in the marketing agency you choose to work with. **I'm certain we can agree on a strategy**④ to help you meet your goals.

I'd be happy to learn more about your priorities and expectations.④ Do you have a few minutes to chat this week?

Best regards,
Jun Tanaka

ジョンソン様

本日はお電話いただき、ありがとうございました。①

お電話では、重要な問題をご提起いただきました。② 当社が提案しましたマーケティング戦略にご不満をお持ちのこと、大変残念に思います。③ この問題について直接お問い合わせいただき、ありがとうございます。③

ご提携いただいた当マーケティング代理店を完全に信頼していただきたいと思います。当社は、貴社の目標を達成するための戦略について合意できると確信しています。④

貴社の優先事項や期待事項について詳しくお伺いできれば幸いです。④ 今週、少しお話し合いのお時間をいただけますでしょうか。

よろしくお願いいたします。
田中潤

　顧客の問題に対応する際には、謝罪と肯定の間でバランスを取ることが重要です。目的はあくまで、問題を前向きに解決し、ビジネス関係を維持することです。**f.a.c.t.** という法則は、顧客の問題に対応するのに役立ちます。

F	**F**riendly salutation	友好的な挨拶
A	**A**cknowledge the problem	問題を確認する
C	**C**ommiserate with the customer	顧客に同調する
T	**T**ransition to a solution	解決策へ移行する

164

OVERTIME

f.a.c.t.の考え方を使って、顧客対応のためのメールに使える英文を見てみましょう。

①友好的な挨拶

- Thank you for your phone call earlier.
  先ほどはお電話いただき、ありがとうございました。
- Thank you for your email.
  メールをありがとうございました。
- Thank you for contacting me today.
  本日はご連絡いただきありがとうございます。
- It was nice to hear from you today.
  本日はお返事をいただけてよかったです。
- I'm glad we had a chance to chat.
  お話をする機会があってよかったです。

②問題を確認する

- You raised an important issue.
  重要な問題を提起していただきました。
- I agree that we should discuss the issue you mentioned.
  言及していただいた問題について話し合うべきだということに同意します。
- I agree that it is important to discuss this.
  こちらについて話し合うことが重要だということに同意します。

③顧客に同調する

- I'm very sorry to hear that you are dissatisfied with...
  …にご不満をお持ちであるとのこと、大変申し訳ありません。
- Thank you for coming to me directly with this issue.
  この問題について直接お問い合わせいただき、ありがとうございます。
- Thank you for bringing this problem to my attention.
  この問題を提起していただき、ありがとうございます。
- I appreciate that you let me know about this.
  ご連絡いただき、ありがとうございます。

④解決策へ移行する

- I'm certain we can agree on a strategy.
  戦略について合意できると確信しています。
- I'd like to learn more about your goals.

165

貴社の目標についてもっと知りたいと思っています。

- I'd be happy to learn more about your priorities and expectations.
貴社の優先事項や期待事項について詳しく知りたいと思います。
- I'm confident we can find a solution that works for you.
お客様に合った解決策を見つけることができると確信しています。

Eメール2： フォローアップ

次の例では、潤はポジティブなトーンにこだわっています。It was nice to...やIt is exciting to...、poised for growthなど、肯定的な表現がいくつか使用されています。

Dear Ms. Cook,

Thank you for meeting with us earlier today.

It was nice to learn more about LeadStar America Clothing and to meet your creative team. **It is exciting to** see that your company is **poised for growth** in the industry!

My team will review our notes from today's meeting and prepare a detailed marketing proposal. If it is all right with you, I would like to schedule another meeting early next week to review this.

Have a good afternoon!

Best regards,
Jun Tanaka

クック様

本日はお時間を割いていただきありがとうございます。

LeadStar America Clothing様についての詳細を知ることができ、またクリエイティブチームの皆様にお会いできて何よりです。貴社が業界で成長する準備ができていることが確認でき、非常に嬉しく思います。

当社チーム内で、本日の会議の内容を確認し、詳細なマーケティング提案を準備いたします。もしよろしければ、来週のはじめにもう一度会議を設定し、この提案をご確認いただければ幸いです。

よい1日を。

よろしくお願いいたします。
田中潤

英語に訳しにくい日本語の決まり表現

日本語では、特定の場面で決まった表現を使います。これを英語で何と言ったらよいのか悩むこともあるかもしれません。場合によっては日本語の表現を英語に直訳することが可能ですが、直訳して使わないほうがいい場合もあります。

多くの場合、直訳せずに決まり表現を使ったほうが、ネイティブにはより自然に聞こえます。日本語から英語への直訳は、ネイティブにとって不自然に聞こえる場合も多い、ということを覚えておきましょう。

日本語の決まり表現	英語の決まり表現	注
お疲れさまです	• Thank you for your hard work!	Thank you for your hard work!やWell done!のような表現を、部下が上司に対して使うことはありません。見下しているように聞こえるからです。これは上司が部下に、または同僚の間で使います。
お先に失礼します	• Goodbye! • Bye! • Bye, everyone! • I'm leaving! • I'm going!	退勤時に使う表現。金曜日ならHave a good weekend!（良い週末を！）やSee you on Monday!（また月曜日に！）と言うこともあります。
ただいま戻りました	• I'm back.	オフィスに戻ったときに、「ただいま戻りました」「お帰りなさい」のように言葉を交わす習慣はありませんが、もし英語で何か言うのであれば、I'm back.が自然です。Hey.やHi.など簡単に挨拶する場合もあります。
行ってきます 今からお昼休憩に行ってきます	• I'm going. • I'm going for lunch. • I'm taking my lunch break.	昼食のために休憩を取ることを同僚に伝えるとき、英語で特別な言い方はありません。

167

Cultural Note

英語以外の言葉をあえて使う

　日本では英語の授業中、日本語を使わないように注意されることがよくあります。授業の目的は英語を使うことなので、これは仕方ありません。一方、日本以外の国際的な大都市では、さまざまな国から来た多くの人が集まっています。北米の多くの都市には、中国語、スペイン語、その他の言語を母語とする人々が多く住んでいます。特にアメリカでは、スペイン語の一般的な挨拶を知っている人も多いでしょう。外国の文化に興味がある人の中には、他の言語のフレーズをいくつか知っている人さえいるかもしれません。たとえば、日本のポップカルチャーに興味を持っている人の中には、日本語の単語をいくつか覚えている人もいるでしょう。

　ダイアローグの中で、登場人物のうちの何人かは日本語を使っています。たとえば、ローレンは潤から「お疲れさま」(p. 156) や「頑張ってください」(p. 160) などの日本語を教わり、「頑張りましょう」(p. 246) と言って潤を励まします。ストーリー上、登場人物たちは互いをよく知り、緊密に協力し合っているので、これは自然な成り行きです。ローレンは日本語にあまり詳しくないものの、知っている言葉を使って潤を応援しています。

　もちろん、全部日本語で話しかけるのは、あまり現実的ではありません。それでは相手に理解してもらえないでしょう。でも、英語の中に少し日本語の単語を入れてみるのはそんなに悪いことではありません。日本語の単語が英語の中で使われるようになったものもあります。たとえば、英語の中で最近よく使われるようになった言葉に「Umami (旨み)」があります。ただし、会話の中で日本語の単語を挟もうとする場合、その単語を英語で説明できるようにしておきましょう。また、何かの話をしているときに、How do you say this in Japanese? (日本語ではどう言いますか？) と聞かれることもあるかもしれません。

Cultural Note

お客様は常に正しいですが…

　古いことわざに、The customer is always right.（お客様は常に正しい）という表現があります。しかし、優れた顧客サービスが世界中の企業で重視されている一方、企業は、許容できる（できない）顧客の行動をより明確にしています。カスタマーサポートのために企業へ電話すると、Harassment and verbal abuse of staff will not be tolerated.（スタッフに対する嫌がらせや暴言は容認されない）というメッセージが流れるのが一般的です。

STORY

EPISODE 7.3   🔊 Track 22
新たな見込み顧客とのアポイント

Losing Bill Johnson as a customer is a major setback. Deborah wasn't happy, but fortunately, she had another lead. Jun is calling the office of LeadStar America Clothing to request a meeting with the manager.

🧑 Receptionist	LeadStar America Clothing, how can I help you?
🧑 Jun	Hello, I'd like to speak with Jennifer Cook, please.
🧑 Receptionist	Who may I say is calling?
🧑 Jun	This is Jun Tanaka, from JMKY Marketing.
🧑 Receptionist	(muffled) Okay, can I put you on a brief hold?
🧑 Jun	Oh, sorry. I didn't quite catch that.
🧑 Receptionist	Can I put you on a brief hold, sir?
🧑 Jun	Ah, sure. Thanks.
🧑 Receptionist	One moment, please.

A moment later...

🧑 Receptionist	Mr. Tanaka?
🧑 Jun	Yes, hello?
🧑 Receptionist	I'll transfer you to Ms. Cook now.
🧑 Jun	Thanks.

A second later...

👩 Ms. Cook	Jennifer Cook.
🧑 Jun	Hello, Ms. Cook! This is Jun Tanaka from JMKY Marketing. My manager, Deborah Richmond, suggested I reach out to you.
👩 Ms. Cook	Oh, Deborah, of course. What can I do for you, Jun?

STORY

ビル・ジョンソンという顧客を失ったことは大きな痛手です。デボラは残念に思いましたが、幸運にも別の手がかりがありました。潤は LeadStar America Clothing のオフィスに電話し、マネージャーとのミーティングを依頼しています。

受付係		LeadStar America Clothingです。ご用件をお伺いします。
潤		こんにちは、ジェニファー・クックさんとお話ししたいのですが。
受付係		お名前をお伺いしてもよろしいでしょうか。
潤		JMKY Marketingの田中潤です。
受付係		(こもった声)少々保留にさせていただけますでしょうか。
潤		すみません。聞こえませんでした。
受付係		少々保留にさせていただけますか？
潤		もちろんです。ありがとうございます。
受付係		少しお待ちください。

しばらくして…。

受付係		田中様？
潤		はい、もしもし？
受付係		ただ今クックに転送します。
潤		ありがとうございます。

そのすぐ後…。

クック氏		ジェニファー・クックです。
潤		こんにちは、クックさん！　JMKY Marketingの田中潤です。私のマネージャーのデボラ・リッチモンドからの紹介でご連絡させていただいています。
クック氏		ああ、デボラね。もちろん。何かご用ですか、潤？

171

STORY

 Jun　　　　Well, I've been hired as the new digital marketing specialist at JMKY Marketing. I'm trying to meet with business owners in the city and learn more about their marketing goals. I'm sure you're busy, but would it be possible to chat sometime?

 Ms. Cook　Let me look at my calendar. Um, I could do Friday morning.

 Jun　　　　That would be great! I'll be there!

Ms. Cook　Okay, I'm looking forward to it. See you on Friday.

Jun　　　　Sounds good! Thank you, Ms. Cook.

 潤　　　　私はJMKY Marketingの新しいデジタルマーケティングスペシャリストです。私は市内のビジネスオーナーの方々とお目にかかり、皆様のマーケティング目標について理解を深めたいと思っております。お忙しいかと思いますが、お話のお時間をいただくことは可能でしょうか。

 クック氏　カレンダーを見てみますね。ええと、金曜の朝にならいいわ。

潤　　　　それは嬉しいです。金曜日にお伺いします！

クック氏　そうですか、楽しみにしています。金曜日にお会いしましょう。

潤　　　　承知しました！　ありがとうございます、クックさん。

LANGUAGE FOCUS

- **How can I help you?:** 電話を受ける際、名乗った後で、相手に用件を尋ねる基本的な質問です。「電話の目的は何ですか？」「誰と話したいですか？」という意味。

- **Who may I say is calling?:** お名前をお伺いしてもよろしいでしょうか？

- **a brief hold:** 多くの場合、電話を取った人は発信者を待たせることになります。ダイアローグでは保留にする許可を求めていますが、単にPlease hold.（少々お待ちください）と言うかもしれません。

- **Jennifer Cook.:** 電話に出るときは、単に名前を述べるのが一般的です。あるいは、Hello, this is Jennifer Cook. How can I help you?と言うこともあります。

- **I could do Friday morning.:** 「金曜日の朝に時間があるかもしれません」（この時間に予定が入れられます）の意味。

電話での話し方

　電話で話すときには通常、対面で話すよりもフォーマル度の高い表現を使うことが必要です。これは、最初に電話を取る相手が誰なのかわからないことが多いためです。また、相手が見えないので、視覚的な手がかりに頼ることもできません。これは話し方が明確でなければならないことを意味します。それでは、電話でのコミュニケーションに役立つフレーズを見てみましょう。

会社の電話に出る
<ul><li>Thank you for calling JMKY Marketing. How can I help you? JMKY Marketing にお電話いただき、ありがとうございます。ご用件をお伺いいたします。</li><li>JMKY Marketing. How may I direct your call? JMKY Marketing です。どちらにおつなぎいたしましょうか？</li></ul>

個人の電話に出る
<ul><li>Hello, this is Jun Tanaka. こんにちは、こちらは田中潤です。</li><li>Good morning/afternoon, this is Jun Tanaka. おはようございます / こんにちは、田中潤です。</li><li>JMKY Marketing, Jun Tanaka speaking. How may I help you? JMKY Marketing の田中潤です。どちら様でしょうか？</li><li>Jun Tanaka, how can I help you? 田中潤です、どちら様でしょうか？</li></ul>

保留にする
<ul><li>May I put you on a brief hold? 少々お待ちください。</li><li>I'm going to put you on hold for a moment, okay? しばらくお待ちください。</li><li>Please hold. お待ちください。</li></ul>

電話を取り次ぐ

- I'll transfer you now.
  今から転送します。
- I'll transfer you to the IT department.
  IT 部門に転送します。
- I'll transfer you to Jennifer Cook.
  ジェニファー・クックに転送します。
- One moment while I transfer you.
  転送する間、少しお待ちください。

電話の調子が悪い場合の対応

- Sorry, you just cut out. Can you repeat that?
  すみません、声が途切れてしまいました。もう一度お願いします。
- Sorry, I didn't quite catch that.
  すみません、よく聞こえませんでした。
- Sorry, you're cutting in and out.
  すみませんが、声が途切れています。
- Hello, can you still hear me?
  もしもし、まだ聞こえますか？
- Hello, are you still there?
  もしもし、まだいらっしゃいますか？

会話を中断する

- Oh, I'm getting a call on another line.
  あ、別の回線で電話がかかってきました。
- Oh, someone is on my call-waiting.
  あ、誰かが私の電話を待っています。
- Oh, someone else seems to be calling me right now.
  あ、今、誰かが私に電話してきたようです。

通話を終了する前の確認

- Is there anything else I can do for you?
  他に何かお手伝いできることはありますか？
- Is there anything else you need?
  他に何か必要なものはありますか？

通話の終了

電話を受けた側	電話をかけた側
• Thank you for your call. Have a nice day. お電話ありがとうございました。良い1日を。 • Thank you for contacting JMKY Marketing. Have a nice day. JMKY Marketing にお問い合わせいただき、ありがとうございます。良い1日を。	• Thank you for taking my call. Have a nice day. 電話に対応してくださってありがとうございます。良い1日を。 • Thank you for taking my call. Have a nice weekend.* 電話に対応してくださってありがとうございます。良い週末を。 *金曜日で、週末が始まる前にこれ以上話す予定がない場合。 • Thanks for making time to chat. Have a nice day.** お時間をいただきありがとうございます。良い1日を。 **これは少しカジュアルです。

頑張って！

通話の音質は必ずしもクリアであるとは限りません。さらに、相手が言った言葉を理解できないこともあります。あるいは、単に何かを繰り返して明確にしたい場合もあります。このような場合には、次のフレーズが不可欠です。

A: We can schedule the meeting for Friday afternoon.
　 私たちはそのミーティングを金曜日の午後にスケジュールできます。

B: **Sorry, could you repeat that?**
　 すみません、もう一度言っていただけますか？

Cultural Note

電話を切る

電話を切る際の社内ルールは企業ごとに異なりますが、一般的には、誰が最初に電話を切るかについてのエチケットは特にありません。両者が別れを告げた後、電話を切ることが多いでしょう。

さらに、電話を切る際には、会話が終わったことをはっきり伝えるのがベストです。明確でポジティブに会話を終えるのがプロフェッショナルです。次の対照的な例を考えてみましょう。

不明瞭であいまいな終わり方	明確でポジティブな終わり方
A: Well, that's about it. 　そんなところです。 B: Okay, well, that's great. 　そう、それはよかった。 A: Yeah, thank you. 　ええ、ありがとう。 B: Thanks now. Ah, bye! 　ありがとう。あ、さようなら！ A: Bye. 　さようなら。	A: Well, that's about it. 　そんなところです。 B: Great. Is there anything else I can do for you? 　素晴らしい。他に何かお手伝いできることはありますか？ A: No, thank you. 　いいえ、結構です。 B: Okay, thank you for your call. Have a nice day! 　お電話ありがとうございました。良い1日を！ A: Goodbye. 　さようなら。

ダメージコントロール

　顧客対応では、時には誤解やミスが原因で、相手の怒りを買う場合があります。謝罪することも必要ですが、多くの場合、damage control（ダメージコントロール）、つまりダメージを軽減するための行動を取ることも重要です。ここでは、状況の深刻さを軽減するために使えるいくつかの表現を見てみましょう。

補償を提供する

To compensate for your inconvenience, we'd like to offer you free shipping.
ご不便をお詫びして、送料無料とさせていただきます。

We would like to replace the product at no charge.
無償で商品を交換させていただきます。

As compensation for your trouble, we can offer you store credit.
ご迷惑をおかけしたお詫びに、当店のクーポンを提供させていただきます。

To express our appreciation for your continued business, we can offer you a discount.
日頃のご愛顧への感謝の気持ちを込めて、割引をさせていただきます。

他のスタッフの行動に対応する

I would like to apologize for the way you were treated.
今回の対応についてお詫び申し上げます。

The level of service you received is totally unacceptable.
お客様の受けたサービスは、許容できるものではありません。

Your experience with our company has fallen below our standard of service, and I apologize.
お客様の経験は、当社のサービス水準を下回るものであり、お詫び申し上げます。

フォローアップ

I've made a record of your complaint, and I promise to follow up.
お客様のクレームの内容を記録し、フォローアップすることをお約束します。

I'd like to assure you that we are taking your complaint seriously.
お客様のクレームを真摯に受け止め、対応することをお約束します。

I am forwarding your concern directly to the manager.
お客様のご懸念を直接マネージャーに転送いたします。

WATERCOOLER TALK

留守番電話のメッセージ

忙しい日には、電話を取れないこともよくあります。電話のシステムには、デフォルトメッセージがあるかもしれませんが、自分で留守番メッセージを録音しておくのもよいでしょう。いくつかメッセージの例を見てみましょう。

例1：基本メッセージ

留守番電話メッセージは、簡潔で要領を得たものにする必要があります。メッセージが長すぎると、電話をかけた相手を困らせるだけです。基本的なメッセージの例を次に示します。

Hello, this is Jun Tanaka.① I'm sorry I can't take your call right now.②
Please leave me a brief message with your name and contact info,
and I'll return your call as soon as possible.③ Have a good day!

こんにちは、田中潤です。① ただ今電話に出ることができません。② お名前と連絡先をお知らせいただければ、すぐに折り返し電話を差し上げます。③ 良い1日を！

---

①挨拶と氏名

ポジションや会社を伝える追加情報を含めることもできます。たとえば、This is Jun Tanaka, digital marketing specialist at JMKY Marketing.（JMKY Marketing のデジタルマーケティングスペシャリスト、田中潤です）のように言えます。

②お詫びの言葉

電話を逃したことに対する後悔やお詫びを伝えます。I'm sorry I missed your call.（申し訳ありませんが、電話に出られません）、またはSorry that I'm away from my desk at the moment.（申し訳ありませんが、現在離席中です）などの言い方もあります。

③指示

相手にどんなメッセージを残してほしいかを述べておきましょう。相手の名前、用件、連絡手段などを知らせてほしいと述べる場合もあります。たとえばIf you can leave your name, contact info, and the reason for your call, I'll follow up as soon as possible.（お名前、ご連絡先、ご用件を残していただければ、できるだけ早くフォローアップいたします）といった文です。

例2：オフィス不在（OOO = out-of-office）の電話メッセージ

　出張などでオフィスを不在にする場合は、留守番電話で、不在である旨のメッセージに切り換えておくことをお勧めします。折り返しの連絡がすぐに来ないと電話の相手をイライラさせてしまう可能性があります。ただし、オフィスに戻ってきたらすぐにメッセージを元に戻しましょう。そのままにしておくと、悪影響を及ぼしかねません。また、外出の理由を説明する必要はなく、たとえば休暇中や海外出張中だと具体的に言う必要はありません。次に例を示します。

Hello, this is Jun Tanaka. I'm sorry I can't take your call right now. I am out of the office from August 7 until August 14.① Please leave a brief message with your name and contact info, and I will reply after I return. If you require immediate assistance, please contact Lauren Smith, at ###-###-####, extension 2.② Have a good day!

田中潤です。申し訳ありませんが、電話に出ることができません。8月7日から8月14日まで不在にしております。① お名前とご連絡先を含めた簡単なメッセージを残してください。戻り次第折り返し連絡いたします。すぐにサポートが必要な場合は、###-###-#### 内線番号2のローレン・スミスにご連絡ください。② 良い1日を！

---

①不在期間

　不在期間の日付は必須ですので、具体的に述べましょう。I'm away until the end of the week.（週末まで留守にしています）などの表現は曖昧で、混乱を招く可能性があります。

②代わりの連絡先

　不在が長くなる場合は、別の連絡先情報を知らせることをお勧めします。緊急事態が発生した場合に連絡できる代わりの電話番号として、メッセージの中でIf the matter is extremely urgent, I can be reached on my cell at ###-###-####.（緊急の場合は、携帯電話番号###-###-####にご連絡ください）のように伝えておくと親切です。

例3：相手の電話にメッセージを残す

長くて曖昧なメッセージは迷惑です。誰かの留守番電話にメッセージを残す必要がある場合は、情報を簡潔にまとめることが必要です。次に例を示します。

> Hello, this is a message for Jennifer Cook.① Hi, Jennifer. This is Jun Tanaka from JMKY Marketing.② I'd like to schedule a time to discuss the proposal I sent earlier. If you could call me back, that would be great.③ You can reach me at ###-###-####.④ Thanks. Talk to you soon!
>
> こんにちは、ジェニファー・クックさんへのメッセージです。① こんにちは、ジェニファー。JMKY Marketingの田中潤です。② 先日お送りしたご提案についてお話し合いの時間を設定できますでしょうか。折り返しお電話いただければ幸いです。③ ###-###-####までご連絡お願いいたします。④ ありがとうございます。さようなら。

①留守番メッセージの相手を述べる

念のために相手の名前をメッセージで伝えることで、混乱を解消できます。

②自分の姓名を述べ、社名も伝える

電話の相手と深い知り合いというわけでない限り、ファーストネームだけでは不十分です。フルネームを名乗ってください。

③目的を説明する

電話の理由を説明しないと、混乱や対応の遅れの原因になる可能性があります。

④連絡先を伝える

留守番メッセージのサービスでは、受信した電話番号を自動的に保存することがありますが、メッセージで連絡先番号を残しておくのが一般的な方法です。

メッセージが残っていない場合は、不在着信に折り返し連絡することはあまりありません。「この電話が本当に重要だったなら、メッセージを残していただろう」と推論される場合も多いでしょう。また、同じ電話番号から何度か着信があったとしても、留守番電話メッセージが残されていないと、電話が何らかの詐欺に関連していると疑われるかもしれません。ですから時間の無駄にならないよう、また詐欺と見なされないように、簡単なメッセージを残してください！

Chapter

職場での課題

デボラの人脈を活用して、潤とローレンは見込み顧客を訪問しています。予期せぬ展開によって計画が頓挫しそうになり、ポジティブに前進するための努力が求められています。ネガティブな考えにとらわれず、チームを強固にまとめていくために、潤はどうすればよいでしょうか。

STORY

EPISODE 8.1 Track 23
打ち合わせ先のオフィスへの訪

The manager of a clothing company in Brooklyn, Jennifer Cook, agreed to meet representatives from JMKY Marketing to hear their pitch. It's early Friday morning. Jun and Lauren are just approaching the reception desk at LeadStar America Clothing.

Receptionist		Good morning. How can I help you?
Jun		Good morning! My name is Jun Tanaka, and this is Lauren Smith. We're from JMKY Marketing. We have an appointment with Ms. Cook.
Receptionist		Ah, yes. She's expecting you. Right this way.

They are led into a spacious office. Windows along the wall offer a spectacular view of the Brooklyn Bridge and the Manhattan skyline. The manager sits behind a large desk.

Receptionist		Ms. Cook, your 10 o'clock is here.
Ms. Cook		Ah, of course, good morning. Please come in and have a seat.
Jun		Ms. Cook. My name is Jun Tanaka, and this is Lauren Smith. Thank you for meeting with us.
Ms. Cook		Not at all. Deborah and I go way back. I'm always happy to meet her people.
Lauren		You've got a great view from your office.
Jun		Yes, it looks like a postcard for New York City!
Ms. Cook		Yes, it is splendid, isn't it? When our company moved to this office a few years ago, I fell in love with the view.
Jun		Oh, how long has LeadStar America been here?
Ms. Cook		It's been about four years now. Before that, we had a tiny office in Queens.

問

ブルックリンの衣料品会社のマネージャー、ジェニファー・クックは、JMKY Marketingの担当者と会い、チームの提案を聞くことに同意しました。今日は金曜日の朝です。潤とローレンはLeadStar America Clothingの受付デスクにやってきました。

 受付係 おはようございます。ご用件をお伺いいたします。
 潤 おはようございます！　田中潤と申します。こちらはローレン・スミスです。JMKY Marketingから参りました。クックさんとのお約束があります。
受付係 はい。お待ちしておりました。こちらへどうぞ。

チームは広々としたオフィスに通されます。窓からは、ブルックリン橋とマンハッタンの高層ビル街の壮観な景色が見渡せます。マネージャーは大きな机の向こうに座っています。

 受付係 クックさん、10時のお約束の方がいらっしゃいました。
 クック氏 はい、どうぞ。おはようございます。おかけになってください。
 潤 クックさん。田中潤と申します。こちらはローレン・スミスです。本日はお時間をいただきありがとうございます。
クック氏 こちらこそ。デボラとは昔からの知り合いですから。彼女の仲間に会うことができて嬉しいです。
 ローレン このオフィスからの眺めは最高ですね。
 潤 本当に、ニューヨークのポストカードのようです！
クック氏 そう、素晴らしいでしょう。数年前にこの事務所に移転したとき、この景色が一瞬で好きになったわ。
 潤 LeadStar Americaはいつからこの場所にあるんですか？
クック氏 今年で約4年になります。以前は、クイーンズに小さな事務所があったんです。

STORY

 Jun| I haven't spent much time in Queens since I came to New York. But there is a decent sushi restaurant there. It's near Queens Plaza Station.
 Ms. Cook| You'll have to give me that address later!
Jun| Certainly! So, today Lauren and I just wanted to meet you and learn a little about LeadStar America Clothing. Would it be alright to ask a few questions?
Ms. Cook| Yes, of course.

 潤| ニューヨークに来て以来、クイーンズにはあまり行っていませんが、結構いい寿司レストランがあります。Queens Plaza駅の近くです。
 クック氏| 後でその住所を教えてください。
潤| もちろんです！ ところで、今日はローレンと私であなたから直接LeadStar America Clothingについて少しお伺いしたいと思っています。 いくつか質問してもよろしいでしょうか？
クック氏| ええ、もちろん。

###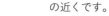

- **Your 10 o'clock is here.:** your 10 o'clockは「10時のお約束の方」の意味。(→p. 27)

- **go way back:** 長い間の知り合いである

- **splendid:**「素敵な、美しい、優雅な」を表す形容詞。名詞形のsplendorは「豊かさ、優雅さ、美しさ」を指します。

- **tiny:**「とても小さい」。tinyは、smallよりも小さいイメージです。次の表で、「小さい」ことを表すさまざまな形容詞と、そのイメージを確認しておきましょう。

右の形容詞はどちらかというとカジュアルで、ビジネスの場では使用されません。	small
	really small
	tiny
	micro
	microscopic
	wee
	teeny-weeny
	itsy-bitsy
	itty-bitty

184

OVERTIME

ホスピタリティ

　ホスピタリティとは何でしょうか。サービス業界でホスピタリティが求められるのはもちろんですが、ホスピタリティ業界以外の、他者と関わるすべての仕事にも、ホスピタリティが求められていると言えます。ここから、「相手を歓迎し、心地よく感じさせるプロセス」と捉えることができます。それでは、おもてなしの気持ちを表す一般的なフレーズをいくつか見てみましょう。

人を歓迎する

- Welcome! Please make yourself comfortable.
  ようこそ！　どうぞおくつろぎください。
- Please come in.
  どうぞお入りください。
- Please take a seat.
  どうぞおかけください。

物を提供する

- Can I offer you something to drink?
  お飲み物はいかがですか？
- Is there anything I can get you?
  何かお持ちしましょうか？
- Can I offer you a seat?
  お席をご用意しましょうか？

人を待たせる

- You can have a seat over there. Ms. Cook will be out when she's ready.
  あちらにおかけください。クックは準備ができ次第、すぐにまいります。
- Could you please wait here for a moment? It won't be long.
  少々お待ちいただけますか？　長くはかかりません。
- It will be just a moment. Thanks for your patience.
  少々お待ちください。ご理解いただき、ありがとうございます。

185

STORY

EPISODE 8.2

打ち合わせ開始

Now that Jun has broken the ice with a little chitchat, they can start the actual meeting.

Jun: Ms. Cook, I'd like to understand how you promote your business. How have you been marketing yourself until now?

Ms. Cook: Well, there's one member of staff who is responsible for marketing. She's been trying to optimize our website to rank higher in online searches, so she knows some of the keywords we need to target. She's also designed some print ads, and a little brochure.

Jun: What kind of results have you seen from those efforts?

Ms. Cook: Um, we've increased our brand awareness a little, I think. But most of our contracts have come from networking. In this industry, it's about who you know. The problem is, we've gone as far as we can on our own. The member of staff who does our advertising also does a ton of other work here, so she can't spend all her time on that.

Lauren: Ms. Cook, would it be possible to see some of the advertisements you have produced on your own?

Ms. Cook: Of course, I can get that for you.

Jun: So, if I understand what you're saying, you feel like you're at the limit of your own in-house marketing efforts. Is that right?

Ms. Cook: Yes, that sums it up.

STORY

ちょっとした雑談で緊張が解けたので、潤はミーティングを始めました。

 潤　　クックさん、まず御社の宣伝方法について教えていただけますでしょうか。これまでどのようにマーケティングを行っていらっしゃいましたか？

 クック氏　マーケティングを担当するスタッフが1人います。彼女はオンライン検索で上位表示されるようにウェブサイトを最適化しているので、ターゲットにすべきキーワードを知っています。また、印刷広告や小さなパンフレットをデザインした経験があります。

 潤　　そうした取り組みから、どのような成果が見られましたか。

 クック氏　ブランド認知度は少し向上したと思います。しかし、当社の成約のほとんどはネットワーキングによるものです。この業界では、誰を知っているかが重要です。問題は、社内ではこれ以上できないということです。当社で広告を担当しているスタッフも他の仕事がたくさんあるので、その時間をマーケティングだけに費やすことはできません。

 ローレン　クックさん、御社で作成なさった広告をいくつか見せていただくことは可能でしょうか？

 クック氏　もちろん、ご用意できます。

 潤　　お話をお伺いしますと、社内でのマーケティングの取り組みに限界があると感じていらっしゃるということでしょうか？

 クック氏　ええ、その通りです。

187

Jun

If you chose to work with a marketing agency, what kind of results would you expect? Basically, what I'm asking is, what would success look like to you?

Ms. Cook

That's a good question. I guess I want more than static advertisements. I want active engagement with our potential customers. And I'd like to know that the money we're spending on marketing is returning a profit.

Jun

That makes sense. Well, Ms. Cook, I'd like to explain how JMKY Marketing helps our clients to succeed. Would that be alright?

Ms. Cook

Yes, of course.

潤

マーケティング代理店に委託していただくことを選んだ場合、どのような結果を期待なさいますか？　つまり、私が知りたいのは、御社にとっての成功とは何かということです。

クック氏

それは良い質問ですね。私が求めているのは、静的な広告以上のものです。見込み顧客と積極的に関わりたいと思っています。それに、当社がマーケティングに費やしているコストが利益を生んでいることを確認したいと思います。

潤

なるほど。では、クックさん、JMKY Marketingがどのようにクライアントを成功に導いているかをご説明したいと思います。よろしいでしょうか？

クック氏

ええ、もちろん。

STORY

LANGUAGE FOCUS

● **It's about who you know.:** It's not about what you know, it's about who you know.（大切なのは何を知っているかではなく、誰を知っているかということだ）という表現の一部です。知識や能力よりもネットワーキングやコネクションが重要であると強調しています。

● **If I understand what you're saying:** 「あなたの考え方に従えば」。この表現は、相手の発言を言い換えたり、解釈し直したりして、自分が相手を正しく理解しているかどうかを確認するために使います。次の例を見てください。
　A: Sales are down, so we can't afford to have a company picnic this summer.
　　売り上げが落ちているから、今年の夏は会社のピクニックをする余裕がない。
　B: So, **if I understand what you're saying**, the company is cutting costs.
　　つまり、あなたの言っていることを解釈すると、会社はコスト削減を行っているということですね。

● **sum ... up:** 「要約する」「問題の本質的な点を述べる」。フォーマルな表現で、That summarizes it. という言い方もあります。

● **Basically, what I'm saying is...:** いま述べたことを言い換えたり、解釈し直したりするときに使います。 次の例を見てください。
　The survey indicates that many users cancel their subscription after one month. **Basically, what I'm saying is**, user satisfaction is very low.（アンケートによると、1カ月で解約するユーザーが多いようです。つまり、ユーザー満足度は非常に低いということです）

189

打ち解けるための会話のきっかけ

ビジネスでは、会話で相手をリラックスさせることが重要です。話し始めるまでの時間が長すぎると、その場が気まずい雰囲気になります。これをan awkward silence（気まずい沈黙）と呼びます。気まずくなるのを避けるために、仕事に関係ないことについて気軽に会話を始めることがあり、これをbreak the ice（打ち解ける）と呼びます。多くの場合、その瞬間に観察したものにコメントすることで、緊張をほぐすことができます。会話のきっかけになる便利なフレーズを紹介しましょう。

天気

- It's really coming down out there, isn't it?
  本当に土砂降りですね。
- This is a beautiful day, isn't it?
  今日は美しい日ですね。
- I hear we're going to get some bad weather.
  天気が悪くなるそうです。
- It looks like it might snow, doesn't it?
  雪が降るかもしれませんね。

部屋

- This is a beautiful room!
  ここは美しい部屋ですね！
- I really like the atmosphere in this room.
  この部屋の雰囲気は本当にいいですね。
- Your office is really nice.
  あなたのオフィスは本当に素敵です。
- You have an impressive office.
  立派なオフィスですね。
- You've got a great view from your office!
  オフィスからの眺めは最高ですね。

部屋の中の物

- That's a beautiful table.
  きれいなテーブルですね。
- This is a really comfortable chair.
  これは本当に快適な椅子です。
- I like the decorations in this room!
  この部屋の飾りつけが好きです。
- That's an interesting object on your desk.
  あなたの机の上に興味深い物がありますね。
- I like this painting.
  この絵が好きです。

人

- Everyone here has been very welcoming.
  ここにいる皆さんはとても歓迎してくれています。
- The people in your office are very kind.
  御社の皆さんはとても親切です。
- It seems like you have a well-organized team here.
  こちらのチームはよくまとまっているようですね。

Cultural Note

外見に関するコメント

職場で他人の外見についてコメントをすることは許されません。批判的なコメントは避けなければなりませんし、一方で、他人の外見を褒めることもリスキーです。外見についてコメントすることは避けておいたほうがよいでしょう。

EPISODE 8.3
元同僚との再会

After about 20 minutes, Jun and Lauren have finished describing how JMKY Marketing designs and manages advertising campaigns. Ms. Cook seemed interested. She took notes and asked a few questions. Sensing that their meeting had reached their initial goal, Jun and Lauren thanked Ms. Cook for her time and promised to be in touch with a detailed proposal shortly. They are now walking through the lobby of the office building.

	Lauren	I think that went well. She seemed really interested.
	Jun	Yeah, she did. We've got to send a proposal to her ASAP. It might mean a little overtime.
	Lauren	I don't think we have a choice.

Just then, Jun and Lauren stop as they are approached by a familiar figure. After a moment of shock, they recognize the person standing in front of them.

	Charles	Well, this is a coincidence.
	Lauren	Charles! What are you doing here?
	Charles	My job, of course.
	Lauren	You mean poaching more of our clients?
	Charles	Funny, they always seem to prefer W & A Promotions. Maybe we can offer them more.
	Lauren	I get it. You're trying to steal another client from us. Just like the way you stole our idea for Peller Timepiece.
	Jun	Lauren, it's alright.
	Charles	You think I have any loyalty to you, after the way Deborah treated me? Don't be so naïve.

STORY

約20分後、潤とローレンは、JMKY Marketing がどのように広告キャンペーンを設計および運営するかについての説明を終えました。クック氏は興味を持っているようです。彼女はメモを取り、いくつか質問をしました。潤とローレンは、ミーティングが当初の目標に達したことを感じ、時間を割いてもらったことに対してクック氏に感謝し、すぐに詳細な提案をすることを約束しました。彼らは今、オフィスビルのロビーを歩いています。

 ローレン　　うまくいったと思うわ。クックさんはとても興味を持ってくれたようだった。

 潤　　　　　ああ、そうだね。早急に提案書を送る必要がある。残業しないといけないかもしれないな。

 ローレン　　そうするしかないわね。

ちょうどその時、潤とローレンは、見慣れた人物が近づいてきたのを見て立ち止まります。一瞬の衝撃の後、自分たちの前に立っている人を認識します。

チャールズ　　ああ、これは偶然だね。
ローレン　　　チャールズ、ここで何してるの？
チャールズ　　もちろん仕事だよ。
ローレン　　　つまり、私たちのクライアントを**奪う**ってこと？
チャールズ　　面白いことに、おたくのクライアントはW＆A Promotionsのほうが好きなようだ。当社のほうが提供できるものがあるからかもしれないね。
ローレン　　　わかった。私たちからまたクライアントを盗もうとしているのね。Peller Timepieceのアイデアを盗んだように。

 潤　　　　　ローレン、もういいよ。

 チャールズ　デボラが僕にあんな扱いをした後なのに、僕が君たちに忠誠心を持っていると思ってるのか？　そんな**世間知らず**じゃ駄目だね。

Jun		**What do you mean?**
Charles		**I was passed over. I should have gotten your job. If Deborah didn't know that at the time, she knows it now.**
Jun		**I'm sorry you feel that way. For what it's worth, I always valued your input on the team. But if you have some personal vendetta against me, I'm not interested.**
Charles		**If you'll excuse me, I have an appointment with the manager of a clothing company. Ta-ta.**

潤	どういう意味だ？
チャールズ	僕が君の仕事に就くべきだったのに、その機会が与えられなかった。デボラが当時それをわかっていなかったとしても、今わかっているさ。
潤	あなたがそんな風に感じているのは残念だ。言っても仕方がないかもしれないけど、チームでの君の意見を評価していたよ。でも、僕に個人的に復讐しようとしているなら、興味ないよ。
チャールズ	では、衣料品会社のマネージャーとの約束があるので、失礼するよ。さよなら。

LANGUAGE FOCUS

- **poach:** poachとは文字通り、ある種の動物を違法に密猟することです。ビジネスでは、手をかけずに他の誰かからビジネスを奪うことを意味します。

- **naïve:** カタカナの「ナイーブ」と異なり、英語のnaïveは否定的な意味しかありません。経験がなく、他人を簡単に信じて騙されること。似た語にgullibleがあります。

- **pass over:** 誰かがpassed overされた場合、「獲得されるべき機会や利点をその人に提供しないことを決定した」を意味します。

- **vendetta:** 「恨み」のようなものですが、「恨み」は単なる感情なのに対し、vendettaは自分が間違っていると考える何かを正すために行動を起こし、それによって復讐するという考えを含みます。イタリア語が起源ですが、英語でも使われます。

- **Ta-ta.:** 「バイバイ」を意味する非常にカジュアルな表現。

対立を避ける

　職場で口論するのは決して良いことではありません。動揺している相手の発言や行動を抑えることはできませんが、自分の反応は制御することができます。口論を避けるために、下記の表現で冷静に応答してみてください。

誰かが怒っているとき

- I really don't want to argue.
  本当に議論したくありません。
- I have no interest in arguing.
  議論に興味がありません。
- I'd rather not argue about this.
  これについては議論したくありません。
- We don't need to argue about this.
  これについて議論する必要はありません。
- We might not agree, but we don't need to argue.
  同意できないかもしれませんが、議論する必要はありません。

誰かがあなたの言ったことに動揺しているように見えるとき

- You might have misunderstood my meaning.
  私の意図を誤解しているのかもしれません。
- Maybe you misunderstood me.
  私のことを誤解しているのかもしれません。
- I think there has been a misunderstanding.
  誤解があったのではないかと思います。
- Maybe I didn't say that clearly.
  説明が明確でなかったかもしれません。

EPISODE 8.4

同僚を落ち着かせる

> As they arrive back at their office, Jun can tell that Lauren is still upset. Their unexpected encounter with Charles has left her rattled. She slams her bag down on the table and starts to vent.

Lauren: I can't believe Charles had the nerve to visit the same client right after us!

Jun: Yeah, tell me about it.

Lauren: I mean, who does he think he is? We used to be a team!

Jun: I know it's hard, Lauren. You two worked together long before I was hired.

Lauren: It's the worst. Nothing we do seems to work.

Jun: It's frustrating, for sure.

Lauren: What a traitor! He stabbed us in the back. And no one cares. He's just taking all our business.

Jun: Lauren, Charles has his own agenda. But we're a good team. Just keep your chin up, okay?

Lauren: Well, I guess you're right. It's just that I don't think anyone can understand how it feels. Charles and I were friends, Jun. At least I thought we were.

Jun: You're right, I can't totally understand how you feel. But we've got each other's back, right? Let's focus on what we can do now. What do you say?

Lauren: Yeah, okay. Let's get back to work.

オフィスに戻ると、潤はローレンがまだ動揺していることに気づきます。チャールズとの思いがけない遭遇のせいで彼女は取り乱していました。ローレンはテーブルにバッグを叩きつけ、怒りをぶつけます。

ローレン チャールズが私たちのすぐ後に同じクライアントを訪問する度胸を持っていたなんて！

潤 ほんと、その通りだよ。

ローレン 自分を何様だと思ってるの？　私たちはチームだったのに！

潤 つらいのはわかるよ、ローレン。僕が来るずっと前から2人は一緒に働いてたんだし。

ローレン 最悪よ。何をやってもうまくいかない。

潤 確かにイライラする。

ローレン なんて裏切り者なの！　彼は私たちを裏切ったわ。なのに、誰も気にしない。私たちの仕事をすべて横取りしているのよ。

潤 ローレン、チャールズには彼なりの思惑があるみたいだね。でも、僕たちは良いチームだよ。元気を出して。

ローレン まあ、言う通りね。ただ、この気持ちは誰にも理解できないと思うわ。チャールズと私は友達だったの、潤。少なくとも私はそうだと思ってた。

潤 確かに、君の気持ちを完全に理解することはできないよ。でも、僕たちはお互い助け合える。今できることにフォーカスしよう、どうかな？

ローレン そうね。仕事に戻りましょう。

STORY

LANGUAGE FOCUS

- **the nerve:** 「度胸」の意味。よくある表現は、... has a lot of nerve.（…［人］には度胸がある）です。これは、他人が不当または受け入れられないと感じることを、傲慢に行う人を表すのに使われます。

- **Tell me about it.:** 「そうだよね」。その前に言ったことを強調して、それに同意する表現。基本的に「完全に同意する」という意味です。

- **Who does he think he is?:** 「彼は自分を誰だと思っているんだ？」。この表現で暗示されているのは、問題とする人が自分自身が信じているほど重要ではない、または能力がないということです。

- **..., for sure:** 「確かに」。文の最後について、その前にあるものを強調します。相手の発言に対して、「その通り」と合意を表します。

- **stab ... in the back:** 「…（人）を裏切る」。ローレンは、チャールズが実際に身体的な危害を加えてきたと言っているわけではありません。これは誰かを裏切ることを意味する比喩的な表現です。

- **Keep your chin up.:** 「前向きになろう」「あきらめないで」という励ましの表現です。悲しみや敗北によって悲観的にならないように相手に声をかけるときに使います。

- **have got ...'s back:** 文字通り「私が…（人）をサポートする」という意味。誰かがあなたの背中、またはあなたが見ることができない場所を守っているということを示唆しています。話し言葉で使われる表現ですので、下の例文のように、have は省略形になって I've, We've となることがほとんどです。
    - I've got your back.（私はあなたをサポートします）
    - We've got each other's back.（私たちはお互いサポートします）
    - He's/She's got my back.（私には、彼/彼女のサポートがあります）

同僚の不満に対応する

　職場で不満を言っている人のそばにいるのは居心地が悪いものです。そんなときには何を言ったらいいのか、どう対応すればいいのか悩むかもしれません。不満をすべて無視して、話題を強制的に変えようとすると、その人を怒らせたり、話している問題を過小評価しているように思われたりしてしまうかもしれません。時には、何か相槌を打たなければならないこともあります。先ほどのローレンと潤の会話では、ローレンは起こったことに不満を言っていますが、潤は2つの戦略を使って対応します。

戦略1：同情の言葉と文末表現

　不満を言っている同僚が一時的に物事を否定的に見ていると感じたときに、同情の言葉をかけましょう。その人の感情を正当化するだけでなく、緊張状態を和らげます。緊張状態を和らげる言葉を使うことによって、相手の不満の勢いを弱めます。コツは、遠回しな表現（形容詞）と文末表現を使うことです。

遠回しな形容詞	
busy	忙しい
challenging	挑戦的な
different	異なる
difficult	難しい
inaccurate	不正確な
interesting	興味深い
not so easy	そう簡単ではない
not so effective	あまり効果がない
unfair	不公平な

　相手の不満に対応するために、上記の遠回しな形容詞を文末表現と組み合わせてどのような言い方ができるかを見てみましょう。

相手の不満	遠回しな言い方	文末表現
We'll never finish! 絶対に終わらない。	We'll be **busy**, 間違いなく、**忙しく**なるだろうね。	**no doubt.** （間違いない）
This will take forever! いつまで経っても終わらないよ。	**It will be challenging**, きっと、**挑戦**になるだろう。	**I'm sure.** （きっと）
This is impossible! これは不可能だ。	It's **difficult**, 確かに、**難しい**。	**for sure.** （確かに）
The new design is ugly. 新しいデザインはひどい。	It's **interesting**, 確かに、**面白い**。	**indeed.** （確かに）
The new manager isn't good. 新しいマネージャーは良くない。	Starting a new job **isn't so easy**, 仕事を始めるのは**そう簡単じゃない**よね？	**is it?** （〜だよね？）

頑張って！

職場で、同僚や周りのスタッフが、何かについて不満を言い始めることがあります。彼らが解決策を探しているのではなく、単に不満を声にしているだけであることがわかったら、会話に参加するのを避けるのが賢明です。同意を求められた場合は、次のように言っておきましょう。

A: The managers in this company are terrible! This new project is going to be a disaster. Am I right?
この会社の経営者たちはひどいな！ 新しいプロジェクトは大惨事になるだろうね。そう思わない？
B: **Maybe we can change the subject.**
話題を変えたほうがよさそうだね。

戦略２：励ましの言葉

不満に対応するために、前向きな励ましの言葉を使うこともできます。次の表現は、会話を肯定的な方向に変えたり、不満を述べている人が別の考え方をするのを助けたりします。

- Keep your chin up!
  元気を出して！

- It's not as bad as it seems.
  見た目ほど悪くないよ。
- Don't worry. Things will get better.
  心配しないで。状況は良くなるよ。
- Try to look on the bright side.
  明るい面を見て。
- Tomorrow is another day!
  明日はまた別の日だよ！
- Let's just try our best, okay?
  頑張ってみましょう。
- It's not the end of the world.
  世界が終わったわけじゃありません。
- We're all on the same team.
  私たちはみんな同じチームです。
- Let's hope for the best.
  うまくいくよう願いましょう。

Cultural Note

職場で不平を言う

　職場で「いつも不平を言っている人」と周りから見られたくはないものです。不平を言ってばかりいると、a complainer（不平を言う人）、またはuncooperative（非協力的）とレッテルを貼られる可能性があります。問題を指摘したり、同僚を批判したりする社員は一般的には評価されませんし、自分の立場を危険にさらす可能性があります。だからと言って、問題を指摘してはいけないという意味ではありません。constructive criticism（建設的な批判）は、問題を特定しながら改善方法を提案するための批判であり、職場では歓迎されます。

WATERCOOLER TALK

問題をポジティブに捉えるための戦略

　ビジネスでは、問題を未然に防ぐことができればベストですが、問題が発生しないよう完全にコントロールするのはほぼ不可能です。したがって、発生した問題をどのように対処するかが大切になってきます。次のアプローチは、カスタマーサービスのプロフェッショナルが問題解決に使う方法で、職場のあらゆる対人関係の問題にも応用できます。

　問題が発生した際に、好ましくない結果や状況は顧客に対して正直に話すべきですが、問題に焦点を当てるのではなく、問題の解決策に焦点を当てた方法を用いるようにしましょう。次に例を挙げます。

問題に焦点を当てた表現	解決策に焦点を当てた表現
problem（問題）	issue（課題）
• What's the **problem** you're having?（どんな問題があるんだ？）	• Can you tell me about the **issue** you're having?（どんな課題を抱えているか教えてくれますか？）
disagree（反対する）	see things differently（別の見方をする）
• I **disagree** with you.（賛成できないよ）	• I **see things differently**.（別の見方をしています）
not happy（不愉快である）	not satisfied / dissatisfied（満足していない）
• I'm sorry that you're **not happy**.（あなたが不愉快でいることが残念です）	• I'm sorry that you're **not satisfied**.（あなたが満足できないことが残念です）
fail / failure（失敗する / 失敗）	miss the mark / didn't reach its objective（目標に届かない）
• I **failed**.（失敗した） • This project was a **failure**.（このプロジェクトは失敗だった）	• I **missed the mark**.（目標に届かなかった） • This project **didn't reach its objectives**.（このプロジェクトは目標を達成できなかった）

[注意]「解決策に焦点を当てた表現」を使うことで、問題の大きさは変わらないものの、現状をどのように改善できるかに焦点を当てることができます。なお、spin the story（ストーリーを紡ぐ、作り話をする）で、良くない状況を良い状況に見せようとする人もいます。このように put a positive spin on it（肯定的な解釈を加える）してストーリーを紡ぎ、情報（事実）を再解釈するのは避けたほうがいいでしょう。

事実:

- To increase their bottom line, the company moved the factory to another town with lower wages. Two hundred employees lost their jobs.
  （収益を上げるために、会社は工場を低賃金の別の町に移した。200人の社員が職を失った）

作り話:

- The company decided to invest in the future of the town by relocating its factory.
  （会社は工場を移転することで町の将来に投資することを決めた）

　職場で問題が発生するのは避けられませんが、常に問題ばかりに目を向けている人と話しても、楽しくないものです。ポジティブに話し、解決策を探すことは、職場で良好な人間関係を維持するのに役立ちます。また、他の人にもポジティブに考えるように促す効果もあります。

Chapter

オファー・提案

月曜日の朝、まったく予想もしなかったことが起ころうとしています。マーケティングのプロフェッショナルとして、プレゼンテーションの準備や提案をすることも潤の仕事の一部です。説得力のある議論をすることが重要だと彼は理解しています。さあ、潤はどう反応するでしょうか？

STORY

EPISODE 9.1
月曜日朝のミーティング

It's Monday at 9 AM at JMKY Marketing. Jun and Lauren have not heard back from LeadStar America Clothing since their meeting last Friday. Lauren spent the weekend fuming over their encounter with Charles. Deborah, Lauren, and Jun stand together sipping coffee as they chat about the upcoming week.

Deborah		You two better follow up with Jennifer Cook. We can't afford to drag this out.
Jun		I'll call her this morning.
Lauren		What should we do about Charles?
Jun		What can we do? He seems determined to take business away from us.
Deborah		If he has some grudge, that's his problem. The fact is, I hired you, Jun, because you had unique experience. And because I thought you could take constructive criticism from me and your team. Charles couldn't do that.
Lauren		It's strange. I used to look up to him.
Deborah		For what it's worth, I was just as blindsided as you by his decision to quit.
Jun		What do we know about the company he works for now, W & A Promotions?
Deborah		Their head office is here in Manhattan, but they have offices in Chicago and Dallas also.
Lauren		Maybe if Charles plays his cards right, he'll become the manager of one of those offices.

STORY

月曜日の午前9時、場所はJMKY Marketingのオフィスです。先週の金曜日に会って以来、LeadStar America Clothingからの連絡はありません。ローレンはチャールズとの遭遇にうんざりしたまま週末を過ごしました。デボラ、ローレン、潤は一緒にコーヒーを飲みながら、今週の予定について話し合っています。

デボラ 2人ともジェニファー・クックをフォローアップしたほうがいいわね。これを先延ばしにする余裕はないわ。

潤 午前中に彼女に電話します。

ローレン チャールズのことはどうする？

潤 何ができるっていうんだ？　彼は僕たちから仕事を奪おうと決心しているみたいだ。

デボラ 何か恨みがあるのなら、それは彼の問題ね。実は潤、私があなたを雇ったのは、ユニークな経験があったからよ。私とチームからの建設的な批判を受けられると思ったわ。チャールズにはそれができなかった。

ローレン 変な気分よ。私は、彼を尊敬していたから。

デボラ 参考までに、彼の退職は、私にとってもあなたと同じくらい不意打ちだったわ。

潤 彼がいま働いているW & A Promotionsについては何かご存じですか？

デボラ 本社はマンハッタンだけど、シカゴやダラスにもオフィスがある。

ローレン うまくいけば、チャールズはどこかの支店のマネージャーになるかもしれない。

205

STORY

 Jun   **Something tells me** he wants to stay right here in New York. I think he has something to prove.

 Deborah   I guess we'll see.

Just then, the elevator dinged. The door slides open, and a well-dressed man walks briskly into their office.

 Colin   Jun Tanaka! There you are! I hope you haven't forgotten me.

 潤   彼はニューヨークにいたいと思っている気がするね。何かを証明したいと思っているようだ。

 デボラ   そのうちわかるわね。

ちょうどそのとき、エレベーターの到着音が鳴ります。ドアが開くと、身なりのいい男が颯爽とオフィスに入ってきます。

 コリン   田中潤！　ここにいましたか！　私のことを忘れていないといいのですが。

LANGUAGE FOCUS

- **drag ... out:**「…（プロセスや状況）を必要以上に長引かせる」という意味です。

- **look up to...:** …（人）を尊敬し、模倣するモデルとして見る

- **For what it's worth:** 重要・有用かどうかわからないことを言うときに、その前置きとして使われます。相手を慰めようとして使われることもよくあります。

- **blindsided:** 完全に驚かされる

- **play one's cards right:**「うまく立ち回る」。ゲームでいいカードを引くことを、実際の生活で良い決定をすることにたとえたイディオム。

- **Something tells me...:** …な気がする

フォローアップ

　以前に連絡を取った顧客や同僚にフォローアップをする際には、まず以前の内容について改めて述べることが効果的です。相手に以前の会話を思い出させないと、相手はなぜあなたが再び会話をしたいのかわからないかもしれません。その方法について見てみましょう。

基本的な文

I'd like to follow up on + ...（イベント）
- I'd like to follow up on our meeting yesterday.
  昨日のミーティングについてフォローアップさせてください。

I'd like to follow up with you about + ...（トピック）
- I'd like to follow up with you about the new project.
  新しいプロジェクトについてフォローアップさせてください。

フォローアップを依頼する
- Can you follow up with me later?
  後でフォローアップしてもらえますか？
- Be sure to follow up with me later, okay?
  後で必ずフォローアップしてください。

頑張って！

クライアントや見込み顧客をフォローアップする場合、受付や秘書（the gatekeeper）を通さなければならない場合があります。フォローアップについて説明するのは難しいことではありません。次のように説明してみましょう。

A: You'd like to speak with Mr. Smith? May I ask the reason for your call?
スミスさんとお話ししたいのですか？　ご用件をお伺いしてもよろしいでしょうか。

B: **Sure! Mr. Smith requested that I call him about our meeting.**
もちろんです。ミーティングについてお電話をおかけするよう、スミスさんからご依頼いただきました。

EPISODE 9.2

ヘッドハンティング

Colin Matheson, the man Jun saved from being hit by a truck a few months before, has arrived in the office.

	Jun	Oh, Mr. Matheson! What a surprise!
	Colin	Indeed! Jun, I tried to reach you earlier. I only got back to New York this morning. I'll get right to the point. You saved my life, so I really owe you one. I want you to come and work for me at my vending distribution company. Whatever you're making here, I'll double it!
	Lauren	What the... Jun, do you know this man?
	Deborah	Who do you think you are? You can't just barge in here and take one of my employees!
	Colin	This is between Jun and I.
	Jun	Um, Deborah, would you mind if I spoke with Mr. Matheson in the board room for a minute?

In the board room, Colin Matheson continues to pace the room, insistent that Jun accepts his offer.

	Colin	Look, Jun, I feel like I'm carrying around a debt. You saved my life, and I must repay you. You can work for me. I'm planning to expand my business into the Asian market. Just think, you could be managing that expansion! I could even set up an office for you in Japan. What do you say?
	Jun	Wow, that sounds really amazing.
	Colin	Great! So, you accept?
	Jun	Not so fast! Mr. Matheson, I came to New York because I wanted to take my advertising career to the next level. I wanted international experience. My manager, Deborah, took a big risk and believed in me. I'm indebted to her. And I can't

STORY

数カ月前、トラックにひかれそうになったのを潤が助けたコリン・マテソンがオフィスにやってきました。

 潤　　マテソンさん！　驚きました！
 コリン　すみません！　潤、もっと早く連絡しようとしたんですが。今朝ニューヨークに帰ってきたばかりで。単刀直入に言うと、君は命の恩人だから、僕は君に借りがある。私の自動販売機流通会社で働いてほしいんです。ここでもらっている給料の倍額を払うから！
 ローレン　何？　潤、この人知ってるの？
　　デボラ　あなた、何様だと思ってるの！　勝手に押しかけて、社員を連れて行くなんて！
　　コリン　これは潤と私の問題だ。
　　潤　　デボラ、会議室でマテソンさんと少しお話ししてもよろしいでしょうか？

会議室では、コリン・マテソンが部屋を行ったり来たりしながら、潤に自分の申し出を受け入れるように強く言っています。

 コリン　さあ、潤、私は借金を背負っているような気がするんだ。君は私の命を救ってくれたから、私はあなたに恩返ししなければならない。私のために働いてくれないか。今後はアジア市場にも進出していきたいと考えている。考えてみてくれ、君が事業拡大を管理できるかもしれない！　日本にオフィスを構えることもできるんだ、どう思う？
　　潤　　うわ、それは素晴らしいですね。
　　コリン　素晴らしい。受け入れてくれるのか？
　　潤　　ちょっと待ってください、マテソンさん。私は広告業界でのキャリアを次のレベルに引き上げるためにニューヨークに来ました。国際的な経験を積みたかったのです。マネージャーのデボラは、大きなリスクを冒して私を信じてくれました。私は彼女に借りがあります。チームに背を向けて見捨てることはできま

STORY

	just turn around and abandon my team. Your offer is very tempting, but I just can't accept it. I'm sure you can understand.
Colin	You won't reconsider? I'm offering a position in management, in Japan.

Everyone in the office watches in silence as Colin and Jun exit the boardroom. Colin steps into the elevator. He calls out to Jun, just before the door slides shut.

Colin	So long, Jun.
Lauren	Well, Jun?
Jun	I'm not going anywhere. We've got business to take care of together.

コリン	せん。オファーは非常に魅力的ですが、どうしても受け入れることができません。ご理解いただけたら幸いです。 考え直してくれないかな？　私は日本での管理職をオファーしているんだよ。

コリンと潤が会議室を出ると、オフィスの全員が黙って見ています。コリンはエレベーターに乗り込みます。ドアが閉まる直前に潤に声をかけます。

コリン	さようなら、潤。
ローレン	潤、それで？
潤	どこにも行かないよ。一緒にやるべき仕事があるじゃないか。

LANGUAGE FOCUS

- **get right to the point:** 問題の最も重要な点を説明する
- **barge in:** 歓迎されず、招かれもしないのに、突然その場所に押しかける
- **Just think.:** 想像してみてくれ。
- **indebted to...:** 「…に借りがある」。他人から受けたサービスまたは恩恵に報いる義務を指す表現。(→p. 93)
- **turn around:** 「変更する」「反対のことをする」。同じような表現のturn one's back on...は、相手や物を拒絶したり裏切ったりすること。
    - Charles, how could you **turn your back on** your friends?
      チャールズ、どうして友達に背を向けることなどできるんだ？

オファーする

　何かをオファーするときに使える便利な表現がいくつかあります。オファーの冒頭に次の表現を使ってみましょう。

- I'd like to make you an offer.
  あなたにオファーをしたいのですが。
- I'd like to propose something.
  提案したいことがあります。
- I'd like you to consider something.
  考えてもらいたいことがあります。
- There's something I'd like you to consider.
  検討していただきたいことがあります。
- I've got an offer for you, and I'd like you to hear me out.
  あなたへのオファーがあるので、お聞きいただけますか。

オファーの拒否

　オファーを拒否する際のさまざまな表現を調べてみましょう。こうした表現を使う目的は、関係を損なわないように丁寧に断ることです。

- I must respectfully decline.
  申し訳ありませんが、お断りします。
- Your offer is tempting, but I cannot accept it.
  あなたのオファーは魅力的ですが、受け入れられません。
- I'm afraid I have to pass on this offer.
  このオファーを断念しなければならないと思います。
- After careful consideration, I've decided not to accept this offer.
  慎重に検討した結果、このオファーを受け入れないことにしました。
- I've decided not to move forward with this offer.
  私はこのオファーをお受けしないことにしました。
- I'm unable to accept at this time.
  現時点では承諾できません。
- Thank you for the offer, but I cannot accept.
  オファーには感謝しますが、お受けできません。
- I appreciate the offer, but I have to pass.
  せっかくですが、そのオファーはお断りします。

同僚からランチや夜のイベントなどに誘われたときに、断るのを気まずく感じてしまう場合もあります。しかし現実には、忙しくて参加できないこともよくあるものです。相手に不快な思いをさせないよう、次の表現を使って返事をしてみましょう。

A: Hey, I'm going for dinner. Want to come along?
夕食に行くんだけど、一緒に来ない？
B: **Sorry, maybe another time, okay?**
ごめん、また今度でもいいかな？

はっきりさせる

時に、いただいたオファーや提案を正確に理解できないことがあります。このような場合は、より詳しい説明を求める必要があります。基本的な言い方をいくつか見てみましょう。

- I don't quite follow you. What exactly are you proposing?
  おっしゃることがよくわかりません。具体的に何を提案してくださっているのですか？
- Could you elaborate a little on what you're proposing?
  何を提案してくださっているのか、もう少し詳しく説明してもらえますか？
- I'm afraid I don't understand your proposal.
  すみません、あなたの提案がよくわかりません。
- What exactly are you offering?
  具体的に何を提案してくださっているのですか？
- Could you clarify what you just said?
  今おっしゃったことを説明していただけますか？
- Sorry, I don't follow your meaning.
  すみません、意味がわかりません。
- You'll have to say that again. I didn't follow you.
  言い直してもらえますか？ よくわかりませんでした。
- Could you tell me a little more about...?
  …についてもう少し詳しく教えていただけますか？

A: Look, if you want to make a big move, you'll have opportunities at our company that you can't get anywhere else!
いいかい、もし君が大きく前進したいのなら、当社では他では得られないチャンスがあるはずだよ！

B: **I don't quite follow you. What exactly are you proposing?**
よくわからないのですが。具体的に何を提案してくださっているのですか？

A: I'm proposing that you work for us! Our company could really use someone like you!
うちの会社で働くことを提案しているんだ！　当社は本当に君のような人材を必要としている。

B: I see! Well, that's an interesting offer. **Could you tell me a little more about** the position?
なるほど！　それは興味深いご提案ですね。ポジションについてもう少し詳しく教えていただけますか？

Cultural Note

職場で怒りを表す

　誰もが感情を持っているので、仕事中に感情を表に出すのは自然なことです。通常は、幸福感、共感、好奇心などのポジティブな感情を示すのは問題ではありません。怒りもまた、誰もが感じる感情です。ただし、職場で怒りを表に出す場合には注意してください。欧米のビジネスシーンでは、明らかな怒りを露わにするのはプロフェッショナルではありません。他人に苛立ちを示すことさえ、賢明ではないかもしれません。これは、顧客に接する際に特に当てはまります。同僚に対して目に見えてイライラしたり怒ったりするのも、プロフェッショナルではありません。

　怒りの原因となった何らかの誤りや不適切な行動パターンについて同僚に話す必要がある場合、I'm angry with you.（私はあなたに腹を立てている）などの直接的すぎる表現は避けたほうがよいでしょう。I'm not pleased with your behavior.（あなたの振る舞いには満足していません）などの穏やかな表現なら、自分の感情をコントロールしながら不快感を説明できます。

WATERCOOLER TALK

欧米における「先輩と後輩」の関係

　一部の社員は他の社員よりも高い地位にいます。たとえば、マネージャーは通常、自分の管理下にある社員よりも経験豊富であると見なされます。ただし、新しく採用された社員が管理職になる場合、彼らは経営の知識を持っているかもしれませんが、日常業務については、自分の管理下にいて勤務年数が長い社員よりもあまり知らない可能性があります。

　同僚の間では、知識と経験の差異も存在し、一部の社員は経験者と見なされ、他の社員は経験が浅いと見なされることもあります。ただし、日本企業に存在するような先輩と後輩の関係は、欧米のビジネスシーンには存在しません。同僚の間では、「先輩」と「後輩」の間の正式な境界は存在しません。そのような区別を強制する努力も評価されません。

　おそらく、この違いの1つの理由は、雇用慣行が国によって異なることです。多くの欧米企業は、必要に応じて専門職の社員を雇用します。したがって、新しく採用される社員は、以前の職務経験を豊富に持っている可能性があります。また、大学新卒者が一斉に採用されることはほとんどありません。未経験者が一度に入社することはなく、徐々に入社するため、先輩社員と後輩社員の境界が曖昧になりがちです。

　欧米のビジネス文化には「先輩と後輩」という概念は存在しませんが、似たようなケースが2つあります。まず、**mentor and protégé (師匠と門下生)** の関係が2人の間に形成される可能性があります。これは、年齢や社内のステータスによってデフォルトで形成される関係ではありません。師匠と門下生は、年齢が同じ場合もあれば異なる場合もあります。師匠は経験者で、門下生は師匠から学びたいと願う人です。師匠と門下生は、この関係が存在することを認めるかもしれませんが、正式に宣言されることはおそらくありません。たとえば、That employee is my protégé. I'm his mentor. (あの社員は私の弟子です。私は彼の指導者です) などと言うのは、奇妙に聞こえます。

　「先輩と後輩」の概念に似ている2つ目の状況は、**employee (社員)** と **intern (インターン)** の関係です。この場合、インターンは正式なポジションではなく、学び、経験を積むためにそこにいます。こうしたポジションは、多くの場合、無給で、現役の大学生が占めています。インターンはマネージャーの指示に従い、さまざまな業務で社員を支援するために割り当てられることがあります。インターンシップ終了後、社内でのインターンの一時的なポジションは終了します。ただし、インターンでの仕事の終了後、その会社からのジョブオファーをもらう場合もあります。

Chapter

10

プレゼンテーション

潤とローレンはクライアントを何社も訪問しています
が、最近はあまり成功していません。しかし、それも
変わろうとしています。デボラは新しい見込み顧客に
会うため、特別な任務に2人を派遣することにしまし
た。この任務を果たすためには、マーケティングチー
ム全体の助けが必要になります。潤とローレンは、プ
レゼンテーションのために会議室にチームを集めまし
た。このプレゼンでは、多くの挫折の後に成功を手に
するための計画について説明します！

STORY

EPISODE 10.1 展示会のための社内プレゼン

By Monday afternoon Jun heard the news; LeadStar America Clothing had decided to go in a different direction. They would not be advertising with JMKY Marketing. To add insult to injury, the rumor was that they decided to sign a contract with W & A Promotions. Charles had come out ahead once again. Still, there was some good news. Deborah had learned that after several months, Peller Timepiece had concluded their special marketing campaign managed by W & A Promotions. Soon, luxury brand manufacturers and retailers from around the world would be gathering in Los Angeles for an annual industry tradeshow. Deborah wanted her team there. After some planning, Jun is ready to give his team a presentation explaining his strategy to score a major client. They are meeting together in the boardroom as Jun begins his presentation.

Deborah Alright team, settle down. As you know, we're sending representatives to the tradeshow in Los Angeles next week. A lot of big names will be there. We've already reached out to several prospects and arranged meetings. Jun and Lauren have prepared a presentation to explain their strategy at the tradeshow. Jun, are you ready?

Jun Yes, I think so. Lauren, can you display the first slide, please?

Lauren Sure.

Jun Okay, everyone! Thank you for taking a moment out of your busy schedule. As Deborah said, our agency will be attending the Building Luxury Expo in Los Angeles shortly. It's an annual industry tradeshow for luxury brand manufacturers and retailers. Our goal, of course, is to land some new clients. This presentation will outline our general

テーション

月曜日の午後、潤はニュースを耳にします。LeadStar America Clothing は別の道を進むことを決め、JMKY Marketing に広告運用を委託しないことになったというのです。さらに悪いことに、噂によると彼らは W & A Promotions との契約締結を決めたようです。チャールズにまた先を越されてしまったのです。それでも良い知らせもありました。デボラによると、Peller Timepiece は W & A Promotions に運営を委託していた数カ月間の特別マーケティングキャンペーンを終了していました。まもなく、世界中の高級ブランドメーカーや販売店が年に一度の業界展示会のためにロサンゼルスに集まります。デボラはチームをその展示会に派遣するつもりです。潤はチームに向けて、主要顧客を獲得するための戦略を説明するプレゼンテーションを始めようとしています。皆が会議室に集まり、潤がプレゼンを始めます。

 デボラ　さあみんな、ちょっと聞いて。ご存じのように、来週ロサンゼルスで開催される展示会にメンバーを派遣します。多くの有名企業が参加する展示会です。すでに何人かの見込み顧客と連絡を取り、ミーティングを手配しました。潤とローレンが、展示会での戦略を説明するプレゼンテーションを準備してくれました。潤、準備はいい？

 潤　はい、準備できています。ローレン、最初のスライドを見せてください。

 ローレン　もちろん。

 潤　さて、皆さん。お忙しい中、お時間を割いていただきありがとうございます。デボラから説明があったように、まもなくロサンゼルスで開催される Building Luxury Expo に出席します。これは、高級ブランドのメーカーや販売店が集まる年に一度の業界展示会です。私たちの目標はもちろん、新しいクライアントを獲得することです。このプレゼンでは、そのための当社の全体的な戦略の概要を説明し、確実に成功するために必要な資料

STORY

strategy for doing that, and it will highlight the material I need from each of you to ensure our success. I'll begin with an overview of the tradeshow. Following that, we'll dive into our main objectives. At the end, I'll open it up to some Q & A. Lauren, next slide, please.

 Deborah Oh, I'd also like to add that this year we'll have two teams at the expo. My team will head to Los Angeles first. Jun will head up a team with Lauren and Chris and will arrive a day later.

 Jun Thanks, Deborah. So, this presentation is important for everyone!

を紹介します。まず、展示会の概要を説明し、その後、主な目標について説明します。最後に、質疑応答の時間を設けます。ローレン、次のスライドをお願いします。

 デボラ ちょっとつけ加えたいのだけど、今年は2チームが展示会に出席することになりました。私のチームがまずロサンゼルスに向かいます。潤が率いるローレンとクリスのチームが次の日に到着します。

 潤 ありがとう、デボラ。ですので、このプレゼンテーションは皆さんにとって大事なものです。

LANGUAGE FOCUS

- **Settle down.:** 命令形の場合、「静かにしてください」「落ち着いてください」を意味します。チームメンバーに注意を喚起する表現。上司に向けて言うことはありません。
- **big name:** 重要な人物や組織
- **display:** 示す、始める
- **dive into...:** …を詳細に議論する、…に徹底的に取り掛かる
- **open it up to some Q & A:** open it up to...でgive an opportunity for...「…の機会を与える」ことから、「質疑応答の時間を設ける」の意味。
- **head up...:** …を管理して率いる

オフィス不在（OOO = out-of-office）の通知メール

出張や休暇などでオフィスを不在にする前に、不在通知の準備をしておくとよいでしょう。仕事用のEメールに自動返信を作成し、留守番電話のメッセージを変更するのがお勧めです。なお、out-of-office（不在）はOOOと略して使われることが多いので、覚えておきましょう。

自動返信メールは、通常のメールと比べて短いもので十分です。

Thank you for your message. I am currently out of the office and will return on Monday, July 15. If you require immediate assistance, please contact Customer Support, at support@jmkymarketing.com.	メッセージをありがとうございます。私は現在オフィスを不在にしており、7月15日（月）に戻る予定です。 お急ぎの場合は、カスタマーサポート（support@jmkymarketing.com）までご連絡ください。

オフィス不在の電話メッセージは　→p. 179

Cultural Note

社内チャットのステータス表示と絵文字の使い方

社内で使われるチャットでは、離席中で連絡が取れない場合、自分のステータスをOOO（out-of-office）と表示することがあります。多くの場合、ユーザーのプロフィールの横にOOOアイコンが表示されます。

ステータスの更新や通常のビジネスコミュニケーションに加えて、一部のチーム間のチャット機能では絵文字を使用できることもあります。企業文化によっては、絵文字が頻繁に使われることもあります。ただし、同僚とのコミュニケーションで絵文字を使うことが多い会社であっても、less is moreの原則で、やり過ぎないほうがよいでしょう。

STORY

EPISODE 10.2　🔊 Track 30

プレゼンテーションは続く

Now that everyone is settled in, Jun and Lauren can continue the presentation. As usual though, they need to deal with some unexpected technical issues.

Jun　　Okay, let's move to the next slide, please.

Lauren　　Oh, sorry, the application crashed.

Jun　　No problem, we'll just restart it. Just a moment, folks. Technical difficulties. Please bear with us.

Daniel　　Jun, do you want to try it on another computer?

Jun　　Well, let's see if this works first, but thanks.

Lauren　　Okay, it's back.

Jun　　Oh, wrong slide. Please go to slide 2.

Lauren　　Alright, there it is! Sorry about that.

Jun　　No worries, we're set now. So, let's start with an overview of the Building Luxury Expo. Last year, about 4,000 exhibitors were present, and over 50,000 visitors attended the tradeshow. Now, here's a comment from an exhibitor satisfaction survey posted on the tradeshow's official website. Around 90% of exhibitors stated that the tradeshow was "a valuable event for promoting their brand and forming business connections."

Deborah　　Jun, can I stop you there for a second? Do we have any demographics for the attendees?

Jun　　According to the tradeshow's report from last year's event, a significant percentage of attendees identified as working in the textile and design industry. And around 30% were in retailing. Those seem to be the largest segments.

220

みんなが落ち着いてきたところで、潤とローレンはプレゼンテーションを続けます。しかし、いつものように、予期せぬ技術上の問題に対処する必要に迫られます。

 潤　　　　　さて、次のスライドに移りましょう。

 ローレン　　すみません、アプリケーションがクラッシュしました。

 潤　　　　　問題ありません。再起動しましょう。少々お待ちください。技術的な問題が発生しました。しばらくお持ちください。

 ダニエル　　潤、別のパソコンで試してみる？

 潤　　　　　このパソコンで機能するかどうかをまず見てみます。ありがとう。

 ローレン　　あ、復活しました。

 潤　　　　　スライドが違っている。スライド2に進んでください。

 ローレン　　えっと、これですね。すみません。

 潤　　　　　心配することはありません、さあ進めましょう。では、Building Luxury Expoの概要から始めます。昨年は約4000社が出展し、5万人以上の来場者が展示会に参加しました。さて、展示会の公式ウェブサイトに掲載された出展者満足度調査のコメントをご紹介します。約9割の出展者が、展示会は「ブランドをアピールし、ビジネスの関係を構築するための貴重なイベントだった」と回答しました。

 デボラ　　　潤、ちょっといいかしら？　参加者の属性はわかりますか？

 潤　　　　　昨年の展示会のレポートによると、参加者のかなりの割合がテキスタイルやデザインの業界で働いていると回答しています。そして約30％が小売業です。それが大半を占めているようです。

STORY

Daniel　Excuse me, Jun. What kind of promotional material will you need at the tradeshow? **Are we talking** tailored content, or just general brochures?

Jun　We'll need tailored content for a few meetings. I'll expand on that later. Now, Lauren is going to **walk us through** our general strategy at the tradeshow.

Lauren　I think we'll have **a clearer picture** of what we need after we go through this presentation together.

ダニエル　すみません、潤。展示会ではどのようなプロモーション資料が必要ですか？　カスタマイズしたコンテンツが **必要ですか**、それとも普通のパンフレットで大丈夫ですか？

潤　カスタマイズされたコンテンツが必要な打ち合わせもありますので、これについては後で詳しく説明します。では、ローレンが展示会での全体的な戦略を **ご説明** します。

ローレン　このプレゼンテーションを通して、何をすべきかが **より明確にわかる** ようになります。

LANGUAGE FOCUS

- **Please bear with us/me.:** 辛抱してください。しばらくお待ちください。

- **No worries.:** 問題ありません。

- **We're set.:** 準備ができました。

- **Are we talking (about)…?:** 「…という意味ですか？」と確認しています。これはカジュアルな会話表現で、aboutはあってもなくても通じます。

- **walk … through 〜:** …（人）に〜を少しずつ段階を踏んで説明する

- **a clear picture:** 状況をはっきり理解すること

プレゼンテーションの表現

この図では、プレゼンテーションに関連する主な語彙を示します。

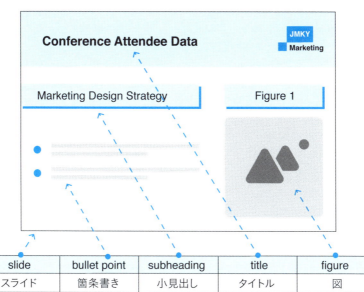

slide	bullet point	subheading	title	figure
スライド	箇条書き	小見出し	タイトル	図

プレゼンテーション中に使用できるいくつかの便利な表現を見てみましょう。

プレゼンテーションの開始と紹介

- Could I have everyone's attention, please?
  皆さん注目していただけますか？
- Please direct your attention to the following presentation.
  次のプレゼンテーションにご注目ください。
- Let's go through this presentation together.
  このプレゼンテーションを一緒に見ていきましょう。

スライドに言及する

- Next slide, please.
  次のスライドをお願いします。
- Let's continue to the next slide.
  次のスライドに進みましょう。
- Please take a look at this next slide.
  次のスライドをご覧ください。

- Notice the data on this slide.
  このスライドのデータに注目してください。
- Let's examine these bullet points.
  この箇条書きを見てみましょう。
- Take a look at Figure 1 on this slide.
  このスライドの図1を見てください。

問題に対応する

- One moment while I fix this, please.
  こちらを修正する間しばらくお待ちください。
- This appears to be the wrong slide.
  これは違うスライドのようです。
- I think we skipped a slide.
  スライドをスキップしたようです。
- There is an error on this slide.
  このスライドにはエラーがあります。
- Sorry, I need to restart the application.
  すみません。アプリケーションを再起動する必要があります。
- Please bear with me while I fix this.
  この問題を解決するまでお待ちください。
- The sound doesn't seem to be working.
  音声が出ないようです。
- There seems to be a problem with the video.
  映像に問題があるようです。

質問する、回答する、質問を受けつける

- Are there any questions?
  何か質問はありますか？
- Before I continue, are there any questions?
  次に行く前に、何か質問はありますか？
- That's an excellent question.
  それは良い質問です。
- Thank you for asking that question.
  その質問をしてくれてありがとう。
- We will answer that question later in the presentation.
  この質問には、プレゼンテーションの後半で回答します。

- Can you please repeat your question?
  もう一度質問していただけますか。
- I didn't quite understand your question.
  質問がよく理解できませんでした。
- Feel free to stop me if you have any questions.
  いつでも遠慮なくご質問ください。
- I'll stop here in case there are any questions.
  質問があるかもしれませんので、ここで一旦止めます。
- If you could hold your questions until the end, that would be great.
  最後に質問をしていただければ幸いです。
- I'll open it up to some Q & A.
  質疑応答の時間を設けます。
- If there are no other questions, I'll continue.
  他に質問がない場合は、次に進みます。

注意を促す声のかけ方

　プレゼンテーションを開始するときは、部屋にいる全員の注意を引く必要があります。基本的に、部屋にいる全員が話すのをやめてプレゼンテーションに注意を払うことが重要です。ただし、声のかけ方は相手によって異なります。同僚や部下のグループに話しかけるのと同じ言い方で上司や顧客のグループに話しかけることはありません。それぞれのグループに対するさまざまな方法を見てみましょう。

同僚や部下に向けて話す

- Okay, everyone! Attention, please.
  さあ、皆さん。聞いてください。
- Alright, team! It's time to begin.
  さあ、チームの皆さん！　始めましょう。
- Thanks for coming, everyone! Let's start the meeting.
  みんな来てくれてありがとう。会議を始めましょう。
- Okay, listen up, everyone! It's time to start!
  みんな聞いてくれ！　始めましょう！
- Okay, let's get started!
  では、始めましょう！
- Alright, it's showtime!*
  さあ、ショータイムです！
  ＊これは非常にカジュアルです。

上司や顧客に向けて話す

- Can I have your attention, please? It's time to begin.
  皆さん、よろしいでしょうか？　さあ、始めましょう。
- May I have everyone's attention, please? We will begin in a minute.
  皆さん注目していただけますか？　すぐに始めます。
- Welcome, everyone! I'd like to invite you to find a seat. We're about to begin.
  皆さんようこそ。ご着席ください。まもなく始めます。
- Thank you for your attention, everyone! We're ready to begin.
  ご注目ください。準備ができました。

Cultural Note

騒がしい部屋で注意を引く

　騒々しい部屋で大勢の注意を引こうとするのは容易ではありません。部屋の中では会話が弾んでいたり、外では機械の音がしたり、交通量が多かったりと、いろいろな理由で騒がしいかもしれません。通常の発言よりも声を張り上げる必要があります。騒々しい場所で大人数の注意を引くために、さまざまな方法が使われます。

大きな声で話す：叫ぶことは許されませんが、控えめに短く声を上げるなら許容範囲です。Hello, everyone! や Can I have your attention? または Hello! Hello! など数語を発するだけにしておきましょう。

拍手：大勢の注意を引くために数回大きな拍手をすることが適切な場合もあります。これはかなり権威ある行動であるため、部屋にいる人々の多くが上司である場合、これを行うのはお勧めできません。

照明を点滅させる：部屋にいる場合は、1回または2回照明を手短につけたり消したりすると、開始時間が来たことを全員に知らせることができるかもしれません。ただし、ライトを消すと部屋が真っ暗になる場合、これは適切ではありません。

口笛：大きな音の口笛を吹くことができれば、これも1つの方法です。一般的には、大勢の注意を引くのに十分に聞こえる大きさの口笛と言えば、指笛しかありません。しかし多くの人はうまく指笛が吹けないので、これはあまり一般的ではないことを覚えておいてください。また、非常にカジュアルなので、通常は屋外の社交イベントやスポーツゲームなどの非公式な場で使われます。フォーマルなビジネスシーンでは適切ではないと考えられています。

EPISODE 10.3 🔊 Track 31
プレゼンテーションは大詰め

Jun and Lauren switch positions. Jun sits at the computer as Lauren stands at the projection screen and presents the next section of their presentation.

	Lauren	Alright! I'll give a rundown of our general plan. Basically, we're dividing all the prospects at the tradeshow into two categories. We're calling the first category "Warm Leads." These are prospective clients who fit the general customer profile we always target. To meet them, our team will visit their tradeshow exhibits. We'll try to meet the decision-makers and collect business cards. Ideally, we'll be able to set up a few meetings on the fly. To pitch these prospective clients, we'll use general company brochures. Daniel, let's make sure that's ready, okay?
	Daniel	Yeah, no problem. I can have that ready by the end of the week.
	Lauren	Great, thanks. I know our brochures highlight our services, but it's important to come prepared with some concrete figures to back up our work. To do that, I'd like to add some data to our promotional material. Chris, could you pull some data from previous campaigns, please? Just remember not to include any confidential information, though.
	Chris	Sure, I can get that data.
	Lauren	Now, Jun will talk about the second category of prospective clients. Jun, take it away.
	Jun	Thanks, Lauren. Next slide, please. We're calling the second category of prospective clients "Hot Leads." Please notice the following bullet points on the slide. First, we're already in contact with these potential customers. In most cases, we've pitched proposals to them in the past. Second,

STORY

潤とローレンは位置を入れ替わります。潤はコンピュータの前に座り、ローレンがプロジェクタースクリーンの前に立って、プレゼンテーションの次の部分から続けます。

ローレン	それでは、全体的な計画の概要をお伝えします。基本的に、展示会でのすべての見込み顧客を2つのカテゴリーに分けています。最初のカテゴリーを「ウォームリード」と呼びます。こちらは、通常ターゲットとしている客層にあたる見込み顧客です。ウォームリードの企業に会うために、私たちのチームは彼らの展示ブースを訪問します。意思決定者に会い、名刺を集めるつもりです。その場で数回のミーティングをセッティングできれば理想的です。見込み顧客に向けて売り込むために、一般的な会社のパンフレットを使用するつもりです。ダニエル、準備はできていますか？
ダニエル	問題ありません。今週末までに準備しておきます。
ローレン	ありがとう。パンフレットでは私たちのサービスを強調していますが、私たちの仕事を裏づけるいくつかの具体的な数字を準備することが重要です。そのために、プロモーション資料にデータを追加したいと思います。クリス、以前のキャンペーンからのデータを引っ張ってきてもらえますか？ ただし、機密情報は掲載しないようにしてください。
クリス	もちろん、データを用意できます。
ローレン	次に、2つ目のカテゴリーである見込み顧客について説明します。潤、ここからお願いします。
潤	ありがとう、ローレン。次のスライドをお願いします。私たちは、見込み顧客の2番目のカテゴリーを「ホットリード」と呼んでいます。スライドの箇条書きをご覧ください。まず、私たちはすでに見込み顧客と接触しています。多くの場合、私たちは彼らに対して過去に提案をしたことがあります。次に、こうした見込み顧客とのミーティングを予定しています。

	we have scheduled meetings with these potential customers. Some of these meetings will be casual chats. A few will be formal meetings. For example, for our meeting with one potential customer, we've reserved a conference room at the tradeshow.
Lauren	Jun, do you want to move to the next slide?
Jun	Yes, thanks. This slide highlights our primary strategy for converting these prospective clients from "Hot Leads" into customers. To convert these leads, we'll need custom content. We've already finished designs and concept art for this content. We'll present these customized design packages to each prospective client.

	ミーティングはカジュアルなものもあれば正式なミーティングもあります。たとえば、ある見込み顧客とのミーティングのために、展示会の会議室を予約しました。
ローレン	潤、次のスライドに進みますか？
潤	はい、ありがとう。このスライドでは、この見込み顧客を「ホットリード」から顧客に変えるための主な戦略を説明します。この見込み顧客を顧客に変えるには、カスタムコンテンツが必要です。このコンテンツのデザインとコンセプトアートはすでに完成しています。カスタマイズしたデザインパッケージは、各見込み顧客に提示する予定です。

LANGUAGE FOCUS

- **give a rundown:** 概要を説明し、基本的な詳細を説明する
- **decision-maker:** 最終的な決定を下す権限を持つ人
- **on the fly:** 事前の準備なしに、大急ぎで
- **pull:** アクセスする、取得する
- **Take it away.:** 「さあ、始めてください」。プレゼンテーションをしようとしている人や、何らかのパフォーマンスを始めようとしている人を紹介するときに使われます。
- **convert:** 「変換する」。セールスで、見込み顧客を実際の顧客にすることを表す動詞。

休憩のリクエスト

　会議は、どうしても時間をオーバーしてしまう傾向があります。また、大勢が参加する会議では、質問や意見が止まらないこともあり、その結果、非常に長い会議になってしまう場合もあります。疲労がたまってくると、短い休憩がほしくなるものです。仕事における休憩や中断について、さまざまな言い方を見てみましょう。

休憩を提案する
Why don't we take a brief break? ちょっと休憩しませんか？
How about a five-minute break, everyone? 皆さん、5分間の休憩はいかがですか？
Why don't we take five? 5分間休憩を取りませんか？
Who's in favor of a brief break? 短い休憩に賛成の方は？
Why don't we stop here for a few minutes? ここで数分間休憩しませんか？
Could anyone use a brief break? ちょっと休憩を取りませんか？

休憩をアナウンスする
Let's stop here, everyone. Take a break. 皆さん、ここで中断しましょう。休憩してください。
Alright, let's continue in 15 minutes. さて、15分後に続けましょう。

会議の司会をしていると、皆の気力がなくなってきていることに気づくことがあるかもしれません。そんなときに次のような口語的な表現で、休憩を提案してみましょう。

A: **Okay, take five, everyone!**
　　じゃあみんな、5分間休憩にしよう！
B: **Sounds good to me!**
　　それはいい。

STORY

EPISODE 10.4 🔊 Track 32
質疑応答

Jun and Lauren continue to explain their plans for the tradeshow. Jun has prepared some graphics to explain his vision for the customized design packages. He refers to these images in his presentation.

Jun So, on this slide, I've included several images. I'd like to direct your attention to Figure 1. In Figure 1, we can see a conceptual design for some magazine advertisements. I'd like these designs printed out so that we can present them.

Daniel Jun, how authentic do you want these samples? If those are ads for a magazine, we should use some type of lightweight, glossy paper.

Jun Yeah, I think that's the way to go. I want the customers to visualize the final product.

Daniel Got it.

Jun Next, let's look at Figures 2 and 3. These are images of online ads. We can print these out, but I'd also like to show them on a screen. Let's prepare some presentations for these "Hot Leads." They don't need to be very complicated, but we should demonstrate what these designs would look like on the web. Alright, that's it for me. I'll pass it back to Lauren.

Lauren Before we finish, I'll open it up to some Q & A.

Deborah Lauren, how many copies of our general brochure do you think we'll need to take to the tradeshow?

Lauren Good question. The last time we attended one of these events, we printed out about 100 copies of the brochure. But we didn't use all of them. This time I think we need about 75 copies. Oh, Chris, did you have a question?

Chris Yes. It's about the customized design packages. Some of our design concepts are for large advertisements. Did you want these printed?

232

STORY

潤とローレンは、展示会での計画を引き続き説明します。潤はカスタマイズされたデザインパッケージのビジョンを示すために、いくつかの画像を用意しました。潤はプレゼンテーションで、その画像について話します。

	潤	このスライドでは、いくつかの画像を紹介しました。図1に注目してください。図1では、いくつかの雑誌広告の**コンセプト**デザインをご覧いただけます。このデザインを印刷して発表したいと思います。
	ダニエル	潤、このサンプルをどれくらい本物に近づけたいと考えていますか？ 雑誌の広告なら、軽量で光沢のある紙を使用するべきだと思います。
	潤	**そうするのがいい**と思います。お客様には最終製品をイメージしてもらえるようにしたいと思っています。
	ダニエル	**わかりました。**
	潤	次に、図2と図3を見てみましょう。これはオンライン広告の画像です。印刷もできますが、スクリーンにも表示したいと思います。このような「ホットリード」向けのプレゼンテーションを準備しましょう。あまり複雑である必要はありませんが、ウェブ上でデザインがどのように見えるかを示したいと思います。さて、**私からはこれで終わりです。ここからローレンに続けて**もらいます。
	ローレン	終了する前に、質疑応答の時間にしたいと思います。
	デボラ	ローレン、展示会に持っていく普通のパンフレットは何部くらい必要だと思いますか？
	ローレン	いい質問ですね。前回こういうイベントに参加したときは、パンフレットを100部ぐらい印刷しましたが、すべてを使用したわけではありません。今回は75部くらい必要だと思います。クリスも何か質問がありますか？
	クリス	はい。デザインパッケージのカスタマイズについてです。デザインコンセプトの中には、大きなサイズの広告用のものもあります。これも印刷したほうがいいですか？

STORY

Lauren	Jun, maybe you can chime in on this one.
Jun	Thanks for bringing that up, Chris. It's not practical to bring the larger ads to the tradeshow. For anything larger than our magazine ads, we'll have to rely on our presentations.
Deborah	Jun, I have a question about the "Hot Leads." Do we have an estimate on how much any of them likely spent on advertising last year?
Jun	That's a good question. I don't have an answer for you right now. I'll take a note of that question and get back to you, okay?
Deborah	That's fine.

ローレン	潤、これについての意見をお願いします。
潤	その話を出してくれてありがとう、クリス。大きな広告を展示会に持ち込むことは現実的ではありません。雑誌広告よりも大きなものについては、プレゼンテーションで使う必要があります。
デボラ	潤、「ホットリード」について質問があります。ホットリードの企業が昨年の広告にかけた金額の概算はわかりますか？
潤	ええ、それは良い質問ですね。今すぐにはお答えできません。その質問をメモして、折り返しご連絡します。
デボラ	それで大丈夫です。

LANGUAGE FOCUS

- **conceptual:** 「concept（コンセプト）」の形容詞。「conceptual design（コンセプトデザイン）」とは、一般的なアイデアを示すための初期デザインまたはプロトタイプを指します。

- **the way to go:** 使用する方法

- **Got it.:** 承知しました。

- **That's it for me.:** 私からは以上です。
- **pass it back to...:** …にプレゼンテーションを引き継いでもらう

- **chime in:** 「話す、口を挟む」を意味する口語的な表現。ダイアローグでは、ローレンが潤に必要なコメントをしてほしいと声をかけています。

プレゼンテーション中に質問する

　プレゼンテーション中にスピーカーの話を遮るのは失礼にあたります。では、プレゼンテーションの内容について丁寧に質問するにはどうすればよいでしょうか。特に大人数がいるプレゼンの場合は、質問する前に手を挙げて話し手の注意を引くことができます。発言を求められたら、次のような表現を使って質問してみてください。

質問をする許可を求める

- Would it be alright to ask a question?
  質問してもよろしいですか？
- Do you mind if I ask a question?
  質問しても構いませんか？
- Sorry, can I ask a question?
  すみません、質問してもいいですか？
- Sorry, can I stop you there?＊
  すみません、そこで止めてもらってもいいですか？

  ＊この質問は少しカジュアルであり、スピーカーにしばらく止まるように求める権限を意味します。上司に向けて言うことはありません。

頑張って！

プレゼンで、自分が答えることのできない質問をされると不安になるものです。推測で答えたくなるかもしれませんが、これは賢明ではありません。答えを知らないことは何も悪いことではありません。次のように答えてみてください。

A: How do these figures differ from our forecast in Q1?
　この数値は、第1四半期の予想とどのように異なるのでしょうか？
B: **I don't have that information, but I can get it for you.**
　手元にはその情報がありませんが、入手でき次第お伝えします。

説明を求める

　プレゼンテーションの最中に限らず、明確な説明を求めることは、話の内容を完全に理解していないことを意味します。他の人の前で説明を求めるには勇気が必要ですが、自分が理解できなかったということは、他の人も理解できていない可能性があります。おそらく、あなたが下記の表現を適度に使えば、他の参加者も感謝してくれるでしょう。

- Can I ask a question about something you just said?
  今おっしゃったことについて質問してもいいですか？
- Could you elaborate on that?
  詳しく説明していただけますか？
- Could you explain that again, please?
  それについてもう一度説明していただけますか？
- Could you say that again, please?
  もう一度言ってもらえますか？
- Could you explain that figure [picture/graph/chart]?
  その図 [写真 / グラフ / 図表] を説明してください。
- I didn't quite understand that last point. Could you rephrase it?
  最後の点がよく理解できませんでした。言い換えてもらえませんか？
- I'm sorry, but I don't follow you. Could you explain that again?
  申し訳ありませんが、よくわかりません。それについてもう一度説明していただけますか？

頑張って！

ミーティングに数分遅刻することが事前にわかっている場合は、ミーティングのホストにその旨を伝えておくとよいでしょう。こんな表現を使ってみましょう！

A: **I'll have to join the meeting a few minutes late. Sorry about that!**
　ミーティングには数分遅れます。申し訳ありません！
B: No problem, you won't miss much.
　大丈夫ですよ。大したことはありません。

リモートの会議やプレゼンテーションで使える表現

テクノロジーは、働き方をますます変えています。以前は対面式のミーティングを好む企業もありましたが、いまや多くの企業が、リモートファーストに移行するメリットを認識しています。リモートの会議やプレゼンテーションの増加に伴い、新たな問題も検討する必要があります。

リモートの会議やプレゼンテーションに固有のフレーズを見てみましょう。

リクエストと質問	
Can everyone please mute?	皆さん、ミュートにしてもらえますか？
Can everyone please turn on/off their camera?	皆さん、カメラをオン/オフにしてもらえますか？
Can you please put any comments or questions in the chat?	チャットにコメントや質問を入れていただけますか？
Can you please raise your hand if you want to speak?	話したい人は手を挙げてもらえますか？
Can everyone see my screen?	私の画面を見ることができますか？
Can everyone open the link I posted in the chat?	皆さん、チャットに投稿したリンクが開けますか？
Can everyone hear me? How's the audio?	皆さん、聞こえますか？　音声はどうですか？
トラブル	
Your microphone isn't on.	マイクがオンになっていません。
We can't hear you.	聞こえません。
Your camera isn't on.	カメラがオンになっていません。
We can't see you.	あなたが見えません。
There's something wrong with my camera/microphone.	カメラ/マイクに問題があります。
お知らせ	
I'm going to start recording this meeting.	この会議のレコーディングを開始します。
A recording of this meeting will be available later.	この会議のレコーディングは、後で利用可能です。
I'm going to restart the meeting.	会議を再開します。

リモート会議に参加する際、出席者はカメラをオンにしなければというプレッシャーを感じるかもしれません。カメラをオンにすることが絶対に必要な場合もありますが、出席者がカメラをオフにしていることも珍しくありません。特に、発言が不要な大規模なミーティングでは一般的です。また、技術的な理由でカメラを使用できない可能性もあります。カメラをオンにすることに抵抗がある人もいます。通常、出席者がその場におり、注意を払っていることが確実である限り、こうした選択は尊重されます。

ただし、参加しているリモート会議が就職の面接の場合は、カメラをオンにする必要があります。カメラをオンにするのを拒否したり、オンにすることができなかったりするのは、今後の選考にとって有利とは言えません。重要なミーティングや面接の前には、使用するアプリのトラブル対応法を確実に理解しておくのが賢明です。

リモート会議に関連するその他の便利な表現と用語を確認しておきましょう。

an invite （招待状）	I'll send the client **an invite** for the meeting. クライアントにミーティングの招待状を送ります。
set a reminder （リマインダーを設定する）	Please **set a reminder** for the meeting. Don't forget, okay? ミーティングのリマインダーを設定してください。忘れないでくださいね。
a scheduling conflict （スケジュールの重複）	Sorry, I have **a scheduling conflict**. I won't be able to attend. すみませんが、スケジュールが合いません。出席できません。
attendance ... optional （出席は任意）	**Attendance** is **optional** for the freelance team. フリーランスチームの出席は任意です。
attendance ... mandatory （出席は必須）	**Attendance** is **mandatory** for all staff. 全スタッフの出席が必須です。
attendee （出席者）	How many **attendees** have sent confirmations? 参加確認を送ってくれた出席者は何名ですか？
meeting host （ミーティングホスト）	Who scheduled this meeting? Who is the **meeting host**? このミーティングを予定したのは誰ですか？ ミーティングホストは誰ですか？
livestream （ライブストリーム）	The **livestream** will begin in five minutes. 5分後にライブストリームが始まります。
recording （録画）	A **recording** of this meeting will be available for those who cannot attend. 出席できない人のために、このミーティングの録画が用意されます。

Chapter

11

出張と商談

潤にとって、初めてだらけの出張です。ロサンゼルス訪問も初めてですし、Building Luxury Expo のような大規模な国際展示会に参加するのも初めてです。しかし、今回の出張では、潤のこれまでの経験を活かして未来を切り開くチャンスが訪れます。変化を起こせるかどうかは潤にかかっています。潤は、1 年かけて追い求めてきた仕事を成功に導くことができるでしょうか。

STORY

EPISODE 11.1 飛行機でロサンゼルス出張

Deborah and some employees from JMKY Marketing arrived in L.A. yesterday. Today, Jun and Lauren will fly there. They have just arrived at JFK International Airport. They need to catch a flight to Los Angeles International Airport, to attend the Building Luxury Expo in L.A. They will be at the tradeshow for a few days and will be in and out of meetings the whole time. Deborah also assigned Chris to join them in case they needed any technical support. Jun needs to land a major client. Otherwise, his career overseas might be cut short.

 Lauren — Jun, there's a free kiosk! We can use that to print our baggage tags.

 Jun — These machines are so *mendokusai*.

 Lauren — What?

 Jun — Oh, I mean it's a little bothersome to use these kiosks. Don't you think so, Chris?

 Chris — Hmm, I don't think it's that difficult.

 Lauren — Yeah, it's easy. Let me show you. First, I'll input our booking reference. Do you have that?

 Jun — Yes, it's 2JKYT9.

 Lauren — Thanks. Okay, it's printing our baggage tags, and our boarding passes. Stick your baggage tag on your checked luggage.

Later, after passing through airport security, the team is walking in the departures level of the airport terminal as they look for their gate.

 Lauren — What was our gate number again?

240

STORY

昨日、JMKY Marketing のデボラと数人の社員がロサンゼルスに到着しました。潤とローレンは、今日ロサンゼルスに飛行機で行く予定で、ちょうどJFK国際空港に到着したところです。ロサンゼルスで開催される Building Luxury Expo に参加するには、ロサンゼルス国際空港行きの飛行機に乗る必要があります。彼らは数日間展示会に参加し、その間ずっとミーティングに出入りします。デボラはまた、技術的なサポートが必要な場合に備えて、クリスも同行させました。潤は大型顧客を獲得する必要があります。さもないと、海外でのキャリアももう長くないかもしれません。

	ローレン	潤、空いている自動チェックイン機があるわ！ ここで手荷物タグを印刷できる。
	潤	こういう機械はとても面倒くさい。
	ローレン	何？
	潤	ああ、こういうキオスクを使うのは少し面倒だって言ったんだ。そう思わない、クリス？
	クリス	うーん、そんなに難しいとは思わないけど。
	ローレン	そう、簡単よ。見せてあげるわ。まず、予約番号を入力するの。持ってる？
	潤	うん、2JKYT9だよ。
	ローレン	ありがとう。これで、手荷物タグと搭乗券を印刷してるわ。預け手荷物にタグを貼りつけて。

その後、チームは空港の保安検査場を通過し、空港ターミナルの出発ロビーを歩いてゲートを探しています。

	ローレン	ゲート番号は何だったっけ？

STORY

Jun	It's B42. I think it's just ahead of us.
Lauren	Oh, there's a coffee shop. Jun, I'll meet you at the gate. I'm going to grab a coffee.
Chris	I'll come with you! I didn't get a coffee this morning.
Jun	Are you sure? There are like a million people waiting in line. Our plane will have left by the time you get your coffee.
Lauren	It's not that bad. Just don't let the plane leave without us, K?

潤	B42だよ。まっすぐ行ったところにあるはずだけど。
ローレン	ああ、コーヒーショップがある。潤、ゲートで会いましょう。コーヒーを買ってくるわ。
クリス	僕も行くよ！　今朝はコーヒーを飲まなかったから。
潤	本当に？　長い列ができてるよ。コーヒーを買う頃には飛行機は出発してるよ。
ローレン	そんなひどくないわ。私たちを置いて出発しないでね、いい？

LANGUAGE FOCUS

- **bothersome:** 「迷惑な」。動詞のbotherには「困らせる」の意味があります。
  - That loud music is **bothering** me.
    あの大音量の音楽は迷惑だ。

- **stick:** 「付着する」。形容詞のstickyは接着剤のように粘着性があること。

- **grab:** すぐに何かを取得または購入する

- **K:** 発音は「ケイ」。「OK」の略語です。

242

誇張する

　誇張は、言いたいことを強調するためによく使われます。誇張に使えるいくつかの一般的なパターンがあります。ただし、注意しなければならないのは、誇張は親しい知人や友人との会話でのみ使うべきだということです。ビジネスシーンでは、話し言葉や書き言葉で誇張するのはよくありません。

よくあるパターン：**like + 誇張**

　このパターンを使うことで、その内容が事実を述べているのではなく、**誇張した見方**をしていることを示します。たとえば、There are one hundred customers in line.（100人のお客さんが並んでいます）は、文脈によっては真実かもしれません。しかし、There are **like** a **hundred** people in line.（100人並んでいるようだ）と言うと、強調するために意図的に誇張していることが伝わります。

量を誇張する：hundreds, thousands, millions, etc.

- You've already had **like fifty cups** of coffee.
  もうコーヒー 50 杯くらい飲んだでしょ。
- Oh! There are **like five hundred questions** on this test!
  ああ！このテストには 500 問くらいあるんだ！
- Wow, you've got **like a thousand ties**. I never see the same one twice.
  わあ、ネクタイ 1000 本くらい持ってるね。同じものを見たことないよ。
- He's worked at that company for **like a million years**.
  彼はその会社で 100 万年くらい働いているんだ。

最上級表現：the best/most ... in the world/universe, in history

最上級表現も、誇張する場合に使われます。

- This is **the best coffee in the universe**.
  これは宇宙で一番おいしいコーヒーだ。
- This is **the longest meeting in history**. Is it over yet?
  これは史上最長の会議だ。まだ終わりませんか？

STORY

EPISODE 11.2 🔊 Track 34

搭乗ゲートでの待ち合わせ

Jun is standing at gate B42. The large crowd suggests that their flight to L.A. will be full. Lauren and Chris finally spot Jun in the crowd.

Announcement   Good morning. Our flight to Los Angeles is now ready to begin boarding. For your convenience, we will be boarding the airplane by zone. I'd first like to invite passengers in Zone 1 and Business Class to board now.

Lauren   Jun, there you are! It took longer than I thought to get a coffee, but I told you that I'd make it in time!

Jun   They've just starting boarding Zone 1.

Lauren   Oh, what zone are we?

Jun   Zone 3. You've got time to drink your coffee.

Lauren   Oh, what's your seat number?

Jun   Um, it's 20C. I think it's an aisle seat.

Lauren   Oh, really? I've got 20B. It must be the middle seat. Hey, do you mind if we switch seats? I can never get comfortable in the middle. Besides, you don't want me crawling over you every time I need to get up, do you?

Jun   I guess not. Yeah, we can switch.

Lauren   Thanks, I owe you one.

Jun   Don't mention it. Oh, here comes Chris.

Chris   I guess I shouldn't have asked for oat milk in my coffee. The service at that coffee shop was slow.

244

潤はB42番ゲートに立っています。これだけ混み合っていることからすると、ロサンゼルスへの飛行機は満席になるでしょう。ローレンとクリスは人混みの中でようやく潤を見つけました。

 アナウンス　おはようございます。ロサンゼルス行きのフライトは、ただ今搭乗開始の準備が整いました。ご搭乗をスムーズに進めるため、ゾーンごとにご搭乗を進めさせていただきます。はじめに、ゾーン1とビジネスクラスのお客様、ご搭乗ください。

 ローレン　潤、ここにいたの。コーヒーを買うのに思っていたよりも時間がかかったけど、言った通り間に合ったわ。

 潤　ちょうどゾーン1の搭乗が始まったところだよ。

 ローレン　私たちはどのゾーン？

 潤　ゾーン3だよ。コーヒーを飲む時間はあるね。

 ローレン　あ、座席番号は？

 潤　うーん、20C。通路側の座席だと思う。

 ローレン　本当？　私のは20B。きっと真ん中の席ね。ねえ、座席替わってもらえる？　真ん中の席は居心地が悪くて、それに、座席を立つたびにあなたをまたがないといけないのは嫌でしょう。

 潤　確かに。席を替わってもいいよ。

 ローレン　ありがとう、借りができたわ。

 潤　気にしないで。ああ、クリスが来た。

 クリス　コーヒーにオーツミルクを頼むんじゃなかった。あのコーヒーショップのサービスは遅いね。

STORY

Lauren Jun, look! Over in the lineup of passengers! That's Charles!

Jun Yeah, I think you're right. He's obviously attending the tradeshow also.

Lauren And flying business class no less. Must be nice.

Jun Don't let it bother you, Lauren. We're not going to the tradeshow to worry about him. We've done our homework. Now we need to deliver.

Lauren *Ganbarimasho!* Right, Jun?

Jun Right! Let's give it everything we've got!

ローレン 潤、見て！　乗客の列の中。チャールズよ！

潤 ああ、本当だ。彼も明らかに展示会に参加するんだな。

ローレン ビジネスクラスなのね。いいわね。

潤 気にしないで、ローレン。彼のことを心配するために展示会に行くわけじゃないんだから。下準備はしっかりやった。あとは成果を出すだけだよ。

ローレン ガンバリマショウ！　そうよね、潤。

潤 そうだ。全力を尽くそう！

LANGUAGE FOCUS

- **by zone:** 飛行機内のゾーン/セクションごとに

- **besides:** いま言ったことに関連して他の情報をつけ加えるときに使います。

- **no less:** 驚きだったこと、予期していなかったことを強調する際に使われます。
    - My boyfriend bought me a present; a beautiful silk scarf **no less**.
      彼氏がプレゼントを買ってくれた。とても美しいシルクスカーフなの。

- **Now we need to deliver.:** 結果を出さなければなりません。

246

空港ラウンジ

　国際空港には、今や当たり前のように旅行者専用のラウンジがあります。各ラウンジへのアクセス方法は航空会社によって異なります。一般的には、搭乗券と、場合によってはラウンジの会員カードが必要です。ラウンジに関連する一般的な用語を確認しておきましょう。

amenities	アメニティ
buffet	ビュッフェ
business center	ビジネスセンター
charging station	充電ステーション
complimentary	無料
flight information	フライト情報
food and beverages	お食事とお飲み物
shower facilities	シャワー施設

ラウンジの受付にて

Concierge	Welcome to the XYZ Lounge. May I see your boarding pass, please? XYZラウンジへようこそ。搭乗券を拝見できますでしょうか？
Traveler	Certainly. Here you go. And here is my lounge membership card. もちろん。こちらです。あと、ラウンジの会員カードです。
Concierge	Thank you, ma'am. The lounge is located on the second floor. Enjoy your stay. ありがとうございます。ラウンジは2階にございます。ごゆっくりお過ごしください。

Cultural Note

チップ

　通常、空港ラウンジの利用料金には食事と飲み物が含まれていますが、北米の空港ラウンジでは、バーでチップを渡すのが礼儀です。バーカウンターにチップ用のグラスが置かれていることもよくあります。しかし、サービスに対してチップを払うのが当然の通常のレストランやパブとは異なり、空港ラウンジでは厳格なチップのルールは存在しません。もちろん、チップは常に喜ばれますが、ラウンジにいる旅行者全員がチップを残すわけではありません。

STORY

EPISODE 11.3 🔊 Track 35

ホテルでのチェックイン

The flight from New York to Los Angeles was just over six hours long. Since the tradeshow only starts tomorrow, Jun and his team have the rest of the day to do some last-minute planning. They have just walked into the lobby of an elegant hotel in downtown L.A.

Lauren	Deborah sure picked a good hotel!
Jun	Yeah, it's very nice!
Lauren	When you took business trips in Japan, did you stay at a lot of places like this?
Jun	I never stayed anywhere this nice. Oh, there's the front desk over there. I'll check us in. Chris, can you get a luggage cart?
Chris	Sure.

Jun and Lauren approach the hotel's front desk.

Front Desk	Good afternoon. May I help you?
Jun	Yes, we're checking in.
Front Desk	May I have your name, please?
Jun	Jun Tanaka. And this is Lauren Smith. Our colleague, Chris Murphy, is just outside.
Front Desk	Welcome, Mr. Tanaka and Ms. Smith. Thank you for choosing to stay with us. I see there's a block of rooms reserved for JMKY Marketing. Some from your party have already checked in. I'll just need a piece of ID from one of you, and a credit card to cover any incidental charges.
Jun	Here's my ID. And here's my credit card.
Front Desk	Thank you very much. Here are your keys. Mr.

248

STORY

　ニューヨークからロサンゼルスまでのフライトは6時間強でした。展示会は明日から始まるので、潤とチームは残された時間を使って直前まで計画を立てます。ロサンゼルスのダウンタウンにあるエレガントなホテルのロビーに入ったところです。

 ローレン　　デボラは**本当**にいいホテルを選んだわね！

 潤　　うん、とても素敵だよ！

 ローレン　　日本で出張したとき、このような場所に泊まったことはある？

 潤　　こんな素敵な場所に泊まったことはないよ。ああ、あちらにフロントデスクがある。僕がチェックインしよう。クリス、荷物カートを持ってきてくれない？

 クリス　　もちろん。

　潤とローレンはホテルのフロントデスクに近づきます。

 フロントデスク　　こんにちは。ようこそ。

 潤　　**チェックイン**したいのですが。

 フロントデスク　　お名前をお伺いできますか。

潤　　田中潤です。こちらはローレン・スミス。同僚のクリス・マーフィーが外にいます。

フロントデスク　　いらっしゃいませ、田中様、スミス様。当ホテルにお泊まりいただきありがとうございます。JMKY Marketingの皆様へ**団体でお部屋**をお取りしております。**グループの皆様**のうちの何名様かはすでにチェックインしていらっしゃいます。お1人様のIDと、追加料金のためのクレジットカードが必要です。

潤　　これが私のIDで、これがクレジットカードです。

フロントデスク　　ありがとうございます。これがお客様の鍵です。田中様は711号室で、マーフィー様は712号室です。スミス様は819号室です。エレベーターはロビーの向かい側にあります。ロサンゼル

STORY

Tanaka, you are in room 711, and Mr. Murphy is in room 712. Ms. Smith, you are in room 819. The elevator is just across from us at the other side of the lobby. Enjoy your stay in Los Angeles.

Jun　**Oh, I have a question. Is there a Wi-Fi network that we can connect to?**

Front Desk　**Yes, the Wi-Fi network name and password are labeled on the back of your room key.**

Jun　**Thank you.**

Front Desk　**My pleasure. Enjoy your stay, sir.**

スでのご滞在をお楽しみください。

潤　あ、質問があります。Wi-Fiネットワークにつなぐことはできますか？

フロントデスク　はい、Wi-Fiネットワーク名とパスワードはルームキーの裏側にございます。

潤　ありがとうございます。

フロントデスク　どういたしまして。ご滞在をお楽しみください。

LANGUAGE FOCUS

- **sure:** 本当に

- **check in:** 「チェックインする、到着を登録する」。ホテルのフロントデスクで、カジュアルですが一般的な挨拶の仕方はHello, checking in. です。チェックインの時間を尋ねる表現は、What time is check-in? です。

- **block of rooms:** ひとかたまりの部屋

- **party:** partyは、ここではグループや団体を意味します。一緒に旅行する団体やレストランのグループを指すのによく使われます。たとえばレストランで、How many are in your party?（何名様ですか？）と聞かれることがあります。

- **My pleasure.:** 「こちらこそ」「どういたしまして」と、お礼に対して返答する決まり表現。「相手を助けることができて嬉しいと思っていること」「それが相手に対する義務だと考えていること」を示します。なお、似た表現でYou're welcome. も「どういたしまして」の意味ですが、「相手に感謝されるようなことをした」という事実に重点が置かれます。どちらを使っても問題はありません。

OVERTIME

ホテルのフロントへの問い合わせ

　最高のホテルに泊まったとしても、問題は起こり得ます。ここでは、さまざまな問題について、英語で伝えるための表現を学びます。

一般的なリクエスト	Can you send someone to my room, please?	部屋に人を呼んでもらえますか？
	Can I have room service brought to my room, please?	ルームサービスを部屋に呼んでもらえますか？
騒音	There's a lot of noise in the hallway.	廊下が騒がしいのですが。
	The guests in the next room are making a lot of noise.	隣の部屋の客が騒いでいます。
設備の故障	The A/C isn't working.	エアコンが効きません。
	My room is too hot/cold.	部屋が暑すぎ/寒すぎます。
	The shower isn't working.	シャワーが使えません。
	The toilet is clogged.	トイレが詰まっています。
	The TV isn't working.	テレビが映りません。
部屋に関するもの	There is only one bed in my room.	部屋にベッドが1つしかありません。
	The bed in my room is too small.	部屋のベッドが小さすぎます。
	I haven't been assigned the correct room.	案内された部屋は正しいものではありません。
	I'm supposed to be in a suite.	スイートルームのはずです。
請求	Can you explain the extra charges on my bill, please?	請求書の追加料金について説明していただけますか？
	Are the items in the mini fridge complimentary?	ミニ冷蔵庫の中のものは無料ですか？
清潔さ	The bedsheets are not clean.	ベッドシーツが清潔ではありません。
	There is some garbage left in my room.	部屋にゴミが残っています。
	My room was not made up. / My room has not been cleaned.	部屋が掃除されていません。

1 応募と面接

2 自己紹介

3 会議

4 出会い

5 ネットワーキング

6 人事考課

7 顧客サービス

8 職場での課妬

9 オファー！提案

10 プレゼンテーション

11 出張と商談

12 一年を振り返って

251

STORY

EPISODE 11.4 🔊 Track 36
商談前の最終確認

> The first day of the tradeshow was a success! Jun and Lauren had meetings with several companies. Two of them even signed contracts with JMKY Marketing to manage their advertising. Deborah was pleased with their progress. That work alone would keep them busy after they returned to New York. But Jun and Lauren have one final meeting before they leave the tradeshow, and this one is very important. Landing this client would put JMKY Marketing on the map nationwide. Jun and Lauren are discussing this as they walk down a crowded aisle at the tradeshow.

Jun: Lauren, did you send copies of the signed contracts we received yesterday to Deborah?

Lauren: Yes. And we've already scheduled virtual meetings with those clients for after we get back to New York.

Jun: Great. This next meeting is the last item on our itinerary. If we can land this client, this trip will have been a real success.

Lauren: Peller Timepiece. It seems like we've been chasing that company forever. Did they send any confirmation for our meeting?

Jun: Yes, I got an email from Kevin Peller early this morning. We're confirmed for 1:00 PM. I reserved a conference room close to the Peller Timepiece exhibit. We'll meet Kevin at the exhibit, then walk over to the conference room together. Chris already has the conference room set up for us.

Lauren: Great. Will Deborah and the rest of the team join us for the meeting?

STORY

展示会初日は大成功でした！ 潤とローレンは数社とミーティングを行いました。そのうちの2社がJMKY Marketingに広告の運用を委託することになりました。デボラは進捗に満足していました。ニューヨークに戻った後、この仕事だけでも忙しくなりそうです。しかし、潤とローレンには展示会を去る前に最後のミーティングをしなければなりません。これは非常に重要です。このクライアントを獲得すれば、JMKY Marketingは全国展開することになります。潤とローレンは、展示会で混雑した通路を歩きながら、話し合っています。

 潤　　　　　ローレン、昨日受け取った署名済みの契約書のコピーをデボラに送った？

 ローレン　　ええ。ニューヨークに戻った後に、クライアントとのリモート会議をすでにスケジュールしてるわ。

 潤　　　　　素晴らしい。次のミーティングが、今回の旅程の最後だ。このクライアントを獲得できれば、この旅行は**本当に成功したもの**になるだろうね。

 ローレン　　Peller Timepieceね。この会社を**ずっと**追いかけてきたような**気がするわ**。ミーティングの確認は送られてきた？

 潤　　　　　ああ、今朝早くケビン・ペラーからメールが来ている。午後1時で、確認が取れてるよ。Peller Timepieceの展示ブースの近くにある会議室を予約した。ブースでケビンに会って、一緒に会議室に行く予定だ。クリスはすでに会議室を準備してくれている。

 ローレン　　良かった。デボラと他のチームメンバーも会議に参加するの？

253

STORY

Jun
I don't think so. She will be busy in other meetings. It looks like we will be flying solo on this one, Lauren. I believe Kevin Peller invited several members of his management staff to the meeting.

Lauren
If you didn't meet him a few months ago at the golf tournament, I doubt we could have gotten this appointment. I just hope he likes our proposal.

Jun
Well, I had to call in some favors to make our proposal work. I hope it was worth it.

Lauren
I guess we'll find out soon. Okay, that's the Peller Timepiece exhibit over there. Ready?

Jun
Let's go.

潤
たぶん参加しないと思う。彼女は他の会議で忙しいから。ローレン、この会議は僕たちだけになりそうだ。ケビン・ペラーはこの会議に経営陣の何人かを招待しているはずだよ。

ローレン
数カ月前にゴルフトーナメントで彼に会っていなかったなら、私たちはこのアポを取れてなかったと思うわ。私たちの提案を気に入ってくれるといいんだけど。

潤
今回の提案を成功させるために、いくつか頼みごとをしなければならなかった。それが実を結んでくれることを望むよ。

ローレン
もうすぐわかるわ。あれがPeller Timepieceのブースよ。準備はいい？

潤
行こう。

STORY

LANGUAGE FOCUS

- **a real success:** 本当の、疑いようのない成功

- **It seems like... forever.:** 「長い時間のようだ」。長い時間の感覚を表す誇張表現。よくあるパターンは「It seems like ＋現在完了進行形 ＋ forever」。
  - **It seems like** you've been working on that project **forever**.
    ずっとそのプロジェクトに取り組んでいるように思える。

- **fly solo:** 他人の援助なしに自分で行う

- **call in some favors:** 自分のために何かをしてくれるよう他の人に頼む

STORY

EPISODE 11.5 🔊 Track 37
商談相手の展示ブースで

Jun and Lauren enter the tradeshow exhibit for Peller Timepiece. The exhibit is crowded with visitors. The CEO, Kevin Peller, stands in the center chatting with a few people. As Jun and Lauren approach, he sees them.

Kevin Ah, Jun! Good to see you again!

Jun Hello, it's good to see you too! This is my colleague, Lauren Smith.

Lauren Nice to meet you, Mr. Peller.

Kevin Call me Kevin. Are you enjoying the tradeshow?

Lauren Yes, there's so much to see.

Kevin We've been swamped here at our own exhibit. I'm afraid I haven't seen much else since I arrived!

Jun Well, I can see why you've been so busy. These product displays are beautiful.

Just then, their conversation is interrupted as another person approaches.

Charles Kevin, I was hoping you'd be here! I wasn't able to reach you on the phone.

Kevin Oh, Charles! How are you?

Charles I'm great, thanks. Say, I wonder if I could get a moment of your time? I'd like to talk about your plans for the next quarter and see if I could help.

Kevin Well, I'm afraid I'm a little busy at the moment, Charles. I'm just about to step into a meeting with these folks. Have you met Jun and Lauren?

256

潤とローレンは、Peller Timepiece の展示ブースに足を踏み入れます。ブースは来場者で賑わっています。CEO のケビン・ペラーは、数人と話をしています。潤とローレンが近づくと、気づいてくれました。

ケビン ああ、潤。またお会いできて嬉しいです！

潤 こんにちは、こちらこそお会いできて嬉しいです！　こちらは同僚のローレン・スミスです。

ローレン はじめまして、ペラーさん。

ケビン ケビンと呼んでください。展示会を楽しんでいますか？

ローレン はい、見るべきものがたくさんありますね。

ケビン 自分たちの展示ブースが**とても忙しくて**。**残念ながら**、ここに来てから他の展示をあまり見ていないんですよ！

潤 お忙しかった理由がよくわかります。この製品ディスプレイは美しいですね。

そのとき、ある人がグループに近づき、会話が中断されます。

チャールズ ケビン、あなたがここにいることを願っていました！　電話であなたに連絡が取れなかったんです。

ケビン ああ、チャールズ。元気かい？

チャールズ 元気です、ありがとう。あの、少しお時間いただけませんか。次の四半期の計画についてお話ししたいのですが。

ケビン すまないが、今ちょっと忙しいんだ、チャールズ。この**人たち**とのミーティングが控えていて。潤とローレンには会ったことありますか。

STORY

👤	**Charles**	Ah, yes, we are well-acquainted.
👤	**Lauren**	Nice to see you again, Charles. You're keeping busy, I assume.
👤	**Charles**	No disrespect to your guests Kevin, but I think W & A Promotions can bring a lot more to the table. And besides, wouldn't you rather do business with a winning team?
👤	**Kevin**	Charles, W & A Promotions did a fine job for us last time. But times are changing, and I have to be open to new ideas. You'll just have to schedule an appointment with my secretary. Now, you'll have to excuse us.

👤	チャールズ	はい、よく知っています。
👤	ローレン	チャールズ、また会えて嬉しいわ。忙しそうね。
👤	チャールズ	ケビン、あなたのゲストには申し訳ないけれど、W & A Promotionsではより多くの貢献ができます。それに、勝者とビジネスをしませんか？
👤	ケビン	チャールズ、W & A Promotionsは前回素晴らしい仕事をしてくれたよ。でも時代は常に変化している。新しいアイデアにもオープンでなければならない。秘書にアポを取ってくれないかな。それでは失礼するよ。

LANGUAGE FOCUS

- **swamped:**「非常に忙しい」。圧倒されるような仕事量を湿地にたとえています。水没しそうなほど深い湿地の中に立っているというイメージです。

- **I'm afraid (that)...:** 残念ながら…

- **folks:**「人々」を表す口語表現。カジュアルな表情で、かなりフレンドリーに聞こえます。

- **well-acquainted:** よく知っている

旅行の語彙と表現

旅行に関連する便利な表現をいくつか見てみましょう。

空港の語彙

英語	日本語	例文
airport code	空港コード	Halifax's airport code is YHZ. ハリファックスの空港コードはYHZです。
aisle	通路	Don't stand in the aisle during takeoff. 離陸中は通路に立ってはいけません。
aisle seat	通路側の席	I'd prefer to sit in an aisle seat. 通路側の席に座りたいのですが。
arrival	到着	When is our arrival? 到着はいつですか？
baggage allowance	手荷物許容量	What is the baggage allowance for this flight? このフライトの手荷物許容量はいくらですか？
baggage check	手荷物預かり	The baggage check is over there. 手荷物預かりはあちらです。
baggage fee	手荷物料金	We need to pay a baggage fee for an extra bag. 超過手荷物の場合は手荷物料金を支払う必要があります。
baggage tag	手荷物タグ	Let's print our baggage tags. 手荷物タグを印刷しましょう。
baggage tray	手荷物トレー	Put your bag in the baggage tray. 荷物トレーに鞄を入れてください。
boarding gate	搭乗ゲート	Our boarding gate is in Terminal 1. 搭乗ゲートは第1ターミナルにあります。
boarding pass	搭乗券	We should print our boarding passes. 搭乗券を印刷したほうがいい。
booking confirmation	予約確認	I didn't receive a booking confirmation. 予約確認を受け取りませんでした。
booking reference	予約番号	My booking reference is JM2359. 予約番号はJM2359です。
business-class	ビジネスクラスの	The business-class ticket is expensive. ビジネスクラスの切符は高い。
cabin	キャビン	There are many passengers in the cabin. キャビンにはたくさんの乗客がいます。
canceled	キャンセル	Our flight was canceled! フライトがキャンセルされました！

carry-on bag	機内持ち込み手荷物	We're allowed to bring one carry-on bag each. 機内持ち込み手荷物は1人1個持ち込み可能です。
check-in counter	チェックインカウンター	An agent is standing at the check-in counter. チェックインカウンターにエージェントが立っています。
checked bag	預け手荷物	Is my checked bag within the weight limit? 預け手荷物は重量制限内ですか？
economy/standard-class	エコノミー/スタンダードクラス	I bought a standard-class ticket. 私はスタンダードクラスの切符を買った。
conveyor belt	コンベヤーベルト	Please place your bags on the conveyor belt. コンベヤーベルトの上に荷物を置いてください。
delayed	遅延	Our flight has been delayed for two hours. 私たちのフライトは2時間遅延している。
direct	直行	I'm flying direct to Los Angeles. 私はロサンゼルスへ直行便で行きます。
domestic	国内線	Domestic flights depart from the domestic terminal. 国内線は国内線ターミナルから出発します。
duty-free	免税品	I can buy a souvenir at the duty-free shop. 免税品店でお土産が買える。
en route	運航中	Flight 20 to Tokyo is currently en route. 現在東京行き20便が運航中です。
first-class	ファーストクラスの	First-class tickets are very expensive! ファーストクラスのチケットは非常に高価です！
flight crew	乗務員	The flight crew usually board the airplane first. 通常、乗務員が最初に飛行機に乗ります。
flight number	便名	Our flight number is 4395. 便名は4395です。
gate	ゲート	Let's meet at the gate in 10 minutes. 10分後にゲートで会いましょう。
gate number	ゲート番号	Oh, our gate number has been changed. ああ、ゲート番号が変更されました。
international	国際線	The international terminal is very busy! 国際線ターミナルはとても混んでいます！

itinerary	旅程	Please update me on your travel itinerary. 旅程を教えてください。
kiosk	自動チェックイン機	We can print our boarding passes at the kiosk over there. そこの自動チェックイン機で搭乗券を印刷できます。
lounge	ラウンジ	I ate lunch in the lounge before my flight. 私は飛行機の前にラウンジで昼食を取りました。
middle seat	中央の席	I don't want to sit in the middle seat. 私は中央の席に座りたくありません。
one-way	片道	I'd like a one-way ticket to London, please. ロンドンまでの片道チケットをください。
passenger	乗客	Another passenger is sitting in my seat. 別の乗客が私の席に座っています。
personal item	身の回り品	I'm allowed to bring one personal item on the flight. 身の回り品は1つ機内持ち込みが可能です。
red-eye	夜行便	I took the red-eye from New York last night. 昨夜ニューヨークから夜行便に乗りました。
return	往復	I'd like a return ticket to Tokyo, please. 東京までの往復チケットをください。
route	ルート	This flight takes a very direct route. このフライトは直行ルートを取ります。
row	列	We're sitting in row number 30. 私たちは30列目に座っています。
seat	座席	This seat is very narrow. この座席はとても狭い。
security	保安検査場	Let's check our bags and go through security. バッグを預けて、保安検査場を通過しましょう。
stopover	ストップオーバー （乗り継ぎ地に24時間以上滞在）	I have a stopover in Paris. パリでストップオーバーがあります。
taxing	地上走行	The plane is taxing on the runway. 飛行機が滑走路を走行している。
terminal	ターミナル	This airport has a domestic terminal and an international terminal. この空港には、国内線ターミナルと国際線ターミナルがあります。

ticket	チケット	Can I see your ticket, please? チケットを拝見できますか？
transfer	乗り換え	We need to transfer in Toronto. トロントで乗り換えが必要です。
window seat	窓側の席	I want to sit in the window seat. 窓側の席に座りたい。
zone	ゾーン	We will be boarding the airplane by zone. 私たちはゾーンごとに飛行機に搭乗します。

ホテルの語彙

英語	日本語	例文
accommodations	宿泊施設	We need accommodations in L.A. for three days. ロスで3日間の宿泊施設が必要です。
additional charges	追加料金	Can I have a credit card for any additional charges? 追加料金発生に備えてクレジットカードをお願いします。
amenities	アメニティ	This hotel has many included amenities. このホテルには多くのアメニティが備わっている。
bellhop	ベル係	The bellhop can help you with your bags. ベル係はあなたの荷物を運ぶのを手伝ってくれます。
book（動詞）	予約する	I'd like to book a room for two days. 2日間部屋を予約したいのですが。
cancellation policy	キャンセルポリシー	What is the cancellation policy at this hotel? このホテルのキャンセルポリシーはどうなっていますか？
check-in	チェックイン	Do you know the check-in time? チェックインの時間をご存じですか？
check-out	チェックアウト	Is it possible to get a late check-out? レイトチェックアウトは可能ですか？
complimentary	無料	Your stay includes a complimentary breakfast. ご宿泊には無料の朝食が含まれます。
concierge	コンシェルジュ	The concierge is available to assist you. コンシェルジュがお手伝いいたします。
conference room	会議室	The conference room is located on the second floor. 会議室は2階にあります。

OVERTIME

confirmation number	確認番号	Can I have your confirmation number, please? 確認番号をお伺いできますか？
continental breakfast	コンチネンタルブレックファースト (大陸風朝食)	Our hotel provides a continental breakfast. 当ホテルではコンチネンタルブレックファーストをご用意しております。
cot	簡易ベッド	The room has a cot in the closet. 部屋にはクローゼットに簡易ベッドがあります。
damage deposit	損害保証金	I'll need a credit card to cover the damage deposit. 損害保証金をカバーするためにクレジットカードが必要です。
double bed	ダブルベッド	Is a double bed big enough? ダブルベッドで大丈夫ですか？
fitness room	フィットネスルーム	The fitness room is open 24/7. フィットネスルームは24時間年中無休で営業しています。
front desk	フロントデスク	We can check in at the front desk. チェックインはフロントデスクにて承ります。
guest	ゲスト	I'd like a room for two guests, please. 2名用の部屋をお願いします。
housekeeping	ハウスキーピング (係)	Housekeeping is preparing the room. ハウスキーパーが部屋の準備をしています。
incidentals	付帯事項	I'll need your credit card to cover the damage deposit and any incidentals. 損害保証金や付随的な費用をカバーするために、クレジットカードが必要になります。
king(-sized) bed	キングサイズベッド	I'd like a room with a king-sized bed, please. キングサイズのベッドのある部屋をお願いします。
late check-out	レイトチェックアウト	Is it possible to get a late check-out? レイトチェックアウトは可能ですか？
off-site parking	敷地外駐車場	Off-site parking is available at this address. 敷地外駐車場はこの住所にあります。
on-site parking	敷地内駐車場	On-site parking is included in the price. 敷地内の駐車場は料金に含まれています。
pullout couch	引き出し式ソファベッド	The room has a pullout couch and a cot. 部屋には引き出し式ソファベッドとベビーベッドがあります。
queen(-sized) bed	クイーンサイズのベッド	A queen bed is big enough. クイーンベッドで十分です。

reservation	予約	Hello, I have a reservation for tonight. こんにちは、今夜予約しているのですが。
room service	ルームサービス	We can order room service or go to a restaurant. ルームサービスを注文するか、レストランが利用できます。
room type	客室タイプ	Let's select the cheapest room type. 最も安い客室タイプを選びましょう。
single bed	シングルベッド	A single bed is too small. シングルベッドは小さすぎます。
stay（名詞）	滞在	Please enjoy your stay with us! ご滞在をお楽しみください！
suite	スイート	Can we upgrade to a suite? スイートにアップグレードできますか？
upgrade	アップグレード	You qualify for a free upgrade. 無料アップグレードの資格があります。
valet parking	バレーパーキング（駐車サービス）	Our hotel offers valet parking. 当ホテルにはバレーパーキングがございます。
wake-up call	モーニングコール	Can I schedule a wake-up call for 6:00 AM, please? モーニングコールを午前6時にセットできますか？
Wi-Fi password	Wi-Fiパスワード	The Wi-Fi password is written on the receipt. Wi-Fiパスワードは領収書に記載されています。

ミーティングのスケジュール

次のEメールでは、潤がケビンに展示会でのミーティングのスケジュールを伝えています。

From: j-tanaka@jmkymarketing.com
To: kpeller@pellertp.com
Subject: Building Luxury Expo － Meeting

Good afternoon Kevin,

Thanks for making time to chat with me earlier today.

送信元： j-tanaka@jmkymarketing.com
宛先： kpeller@pellertp.com
件名： Building Luxury Expo——ミーティング

こんにちはケビン、

本日はお時間を割いていただきありがとうございます。

As I mentioned on our call, I will be at the upcoming Building Luxury Expo in Los Angeles this week. If possible, I'd like to schedule some time for a meeting with your team. Does Friday work for you? I am available any time in the afternoon.

I look forward to hearing from you soon.

Best regards,
Jun Tanaka

先ほどお電話でお話ししたように、私は今週、ロサンゼルスで開催されるBuilding Luxury Expoに出席します。もしお時間が許すようであれば、貴社のチームとのミーティングを設定させていただきたいと思います。金曜日はいかがでしょうか？ 午後であればいつでも空いています。

ご連絡をお待ちしております。

よろしくお願いいたします。
田中潤

From: kpeller@pellertp.com
To: j-tanaka@jmkymarketing.com
Subject: RE: Building Luxury Expo – Meeting

Hi Jun,

Sure thing. I can make some time for you on Friday. Does 1:00 PM work?

Sincerely,
Kevin Peller

送信元： kpeller@pellertp.com
宛先： j-tanaka@jmkymarketing.com
件名： RE: Building Luxury Expo――ミーティング

こんにちは潤、

もちろんです。金曜には時間を取れます。午後1時でどうですか？

どうぞよろしくお願いいたします。
ケビン・ペラー

頑張って！

会話の途中で、相手がまだ話を続けたそうなのに会話を終わらせてその場を離れなければならない場合、気まずく感じることがあります。次の会話のBのように言えば、気まずさが和らぐかもしれません。試してみましょう！

A: There are other customers we should meet.
会わないといけないお客さんが他にもいます。
B: **Can you excuse me for a moment?**
ちょっと失礼させてください。

STORY

EPISODE 11.6 🔊 Track **38**

大事な見込み顧客との商談

Jun, Lauren, Kevin, and a few of his associates get settled in the conference room. After nearly one year of effort and struggle, Jun's success depends on this meeting.

Jun
Kevin, I'd like to start by thanking you for taking time out of your busy schedule to meet with us. At JMKY Marketing, we prioritize business relationships based on shared values. Would you say that's important to you as well?

Kevin
Certainly. In business, I always want to see eye to eye with the other party.

Jun
Do you remember when we first met?

Kevin
Sure, at the golf tournament.

Jun
Exactly. From our brief conversation, I felt like I learned something about your values — the things that matter the most to you. And I hope that if I understand something about your values, then I understand something about your company's values.

Kevin
Well, that's a fair assessment. But what do you imagine are some of my values?

Jun
Well, I believe that you value quality. That's evident in the design of your products. We value quality as well. At JMKY Marketing, we endeavor to produce the highest quality advertising materials to meet our clients' needs.

Kevin
Yes, quality is one of my values.

Jun
Then I remembered that you told me your company revitalized a local park in your hometown. You raised money to take care of it.

Kevin
Yes, that's right.

Jun
So, I believe that you also value sharing quality.

Kevin
I suppose you could say that.

266

潤、ローレン、ケビン、そして数人の同僚が会議室に集まりました。1年近く、努力と苦労を積み重ねてきましたが、潤の成功はこのミーティングにかかっています。

 潤　　　　　ケビン、お忙しい中、私たちとの会議に時間を割いてくださったことにお礼を申し上げます。JMKY Marketingでは、共通の価値観に基づいたビジネス関係を優先しています。これはあなたにとっても重要なことでしょうか？

 ケビン　　　もちろんです。ビジネスでは、常に相手と意見を一致させたいと考えています。

 潤　　　　　私たちが初めて会ったときのことを覚えていますか。

 ケビン　　　もちろん、ゴルフトーナメントですね。

潤　　　　　その通りです。私たちの短い会話から、あなたの価値観、あなたにとって最も重要なことについて何かを学んだように感じました。あなたの価値観を理解できれば、御社の価値観も理解できると思います。

 ケビン　　　ええ、それは妥当な評価ですね。しかし、私の価値観にはどのようなものだと思いますか？

潤　　　　　あなたは質を大切にしていると思います。これは、製品のデザインから明らかです。私たちも品質を大切にしています。JMKY Marketingでは、お客様のニーズに合わせて、最高品質の広告を制作するよう心がけています。

 ケビン　　　はい、品質は私の価値観の1つです。

潤　　　　　また、御社が故郷の公園を活性化させたという話を思い出しました。そのために資金を集めたとおっしゃいました。

ケビン　　　はい、その通りです。

潤　　　　　だから、あなたは品質を共有することも大切にしていると思います。

 ケビン　　　そう言えるかもしれない。

267

STORY

 Jun   Kevin, after I thought about these things, I remembered the watch you were wearing. You forgot it, and I gave it to you. You said that it was a prototype. You wanted to produce a quality watch at an affordable price.

 Kevin   You have a good memory, Jun. Under normal circumstances, I wouldn't comment on any products *in development*. But you're right, this watch that I'm wearing is the prototype for a new product line of affordable timepieces.

 Jun   Kevin, I'd like to show you our vision for promoting a product line of affordable timepieces nationwide. Lauren, can you please *launch* the presentation?

 潤   ケビン、そんなことを考えていたとき、あなたが身につけていた腕時計を思い出しました。置き忘れていたのでお渡しした、あの時計です。試作品だとおっしゃいました。手頃な価格で高品質の時計を生産することをお望みでした。

 ケビン   あなたは記憶力がいいですね、潤。普段は、*開発中の*製品についてコメントすることはないのだけど。しかし、あなたの言う通り、私が身につけているこの腕時計は、手頃な価格の新商品ラインの試作品です。

 潤   ケビン、手頃な価格の腕時計を全国に普及させるための、私たちのビジョンを示したいと思います。ローレン、プレゼンテーションを*始めて*くれますか？

LANGUAGE FOCUS

- **see eye to eye:** 何かに同意する、同じように何かを見る
- **the other party:** 先方、相手方
- **That's a fair assessment.:** 筋が通っている。
- **evident:** 明確で明白だ
- **in development:** 「デザイン・制作過程にある」。under development も同じ意味です。
- **launch:**「始める」。通常 launch は、宇宙船やミサイルなど、空中に離陸するものに使用されます。launch a presentation や a product launch（名詞）などの表現を使用すると、アクティビティがより大きく、より重要に聞こえます。

Cultural Note

仕事後の同僚とのつき合い

　仕事の後に同僚につき合うことをhanging out after workといいます。以前は、同僚と仕事帰りに飲みに行くのが一般的だったかもしれませんが、時代は変化しています。これは多くの業界でもはや標準的な慣習でなくなっています。大半の企業では、同僚が仕事以外で交流することを特に期待していません。また、パーティーでアルコールを飲まないと言う人がいれば、通常は無理に飲まされません。

頑張って！

他者への感謝を示すことは、ビジネス関係を強化するための優れた方法です。チームへの貢献に感謝していることを同僚に伝えてみましょう！

A: That project went well!
　そのプロジェクトはうまくいった！
B: **Yeah, we make a good team!**
　そう、私たちは良いチームです！

STORY

EPISODE 11.7　🔊 Track **39**

商談の成功

Jun walks to the digital display in the conference room, as Lauren starts the presentation.

Lauren　Our proposal is based on the theme, "Within Reach." We envision a marketing campaign which positions Peller Timepiece as a producer of high-quality, but affordable products. They are "within reach" of the average consumer.

Jun　Kevin, if you look at Figure 1 on the screen, you will see samples of the types of advertisements we envision for the campaign. In addition to traditional print media, we propose to manage a digital marketing campaign. We can capitalize on social media marketing and search engine optimization to promote this product line.

Lauren　We have also prepared a detailed report for you. It includes data on some of our previous marketing campaigns. We'll leave it with you at the end of our meeting.

Kevin　I have to say, I'm surprised. It was a big risk to base your whole proposal on a product line that you only guessed we were developing.

Jun　Kevin, there's one more element of this proposal that I'd like to explain. I'm personally acquainted with Colin Matheson, the CEO of the largest automated vending machine manufacturer in the nation. His company directly operates advanced vending machine terminals in airports, shopping malls, and city centers across America. Perhaps you have seen these vending machines before.

270

STORY

ローレンがプレゼンテーションを開始すると、潤は会議室のデジタルディスプレイに向かいます。

 ローレン　　私たちの提案は「Within Reach」というテーマに基づいたものです。私たちはPeller Timepieceを、高品質でありながら手頃な価格の製品のメーカーとして位置づけるマーケティングキャンペーンを構想しています。その製品は平均的な消費者にとって「手の届くところ」にあります。

 潤　　ケビン、スクリーンの図1には、キャンペーンで想定している広告タイプのサンプルが表示されています。従来の印刷メディアに加えて、デジタルマーケティングキャンペーンを運営することを提案します。ソーシャルメディアマーケティングと検索エンジンの最適化を最大限活用して、この製品ラインを宣伝することができます。

 ローレン　　また、詳細なレポートもご用意しました。このレポートには、過去のマーケティングキャンペーンのデータが含まれています。ミーティングの最後にお渡しします。

 ケビン　　はっきり言って驚いた。私たちがこのような製品ラインを開発しているという推測に基づいて、提案を作成するのは大きなリスクだったと思う。

 潤　　ケビン、この提案のもう1つの要素を説明したいと思います。私は、米国最大の自動販売機メーカーのCEOであるコリン・マテソンとは個人的に面識があります。彼は、全米の空港、ショッピングモール、都市の中心部で先進的な自動販売機端末を直接運営しています。この自動販売機をご覧になったことがあるかもしれません。

STORY

 Kevin   Oh, yes, I've seen them. They're highly advanced.

 Jun   Exactly. They're like miniature boutiques for quality products. Well, to dramatically increase access to your products, Colin Matheson has **not only** agreed to distribute products associated with marketing campaigns managed by JMKY Marketing **but** has **also** agreed to do so at a fraction of the regular cost. Our marketing campaign, combined with this distribution network, will put your new product line of affordable timepieces within reach of nearly all consumers.

 Lauren   More details about this form of distribution are also included in the report that we'll leave with you at the end of the meeting.

 Jun   Kevin, I'm confident that your new product line will be great. It's my hope that we can make it a great success together.

 Kevin   You've given me a lot to think about. This would be a totally new approach for my company. I'll look over the report and discuss the details of your proposal with my people.

 ケビン   ええ、見たことはあります。とても先進的です。

 潤   その通りです。高品質商品のためのミニブティックのようなものです。御社の製品へのアクセスを劇的に向上させるために、コリン・マテソンはJMKY Marketingが運営するマーケティングキャンペーンに関連する製品を流通させることに同意し**ただけでなく**、通常の数分の一のコストで流通させること**にも**同意してくれました。当社のマーケティングキャンペーンと、この流通ネットワークと組み合わせることで、ほぼすべての消費者の手の届くところに手頃な価格の新製品ラインが陳列されます。

STORY

 ローレン　　この流通形式の詳細については、会議の最後にお渡しするレポートにも記載されています。

 潤　　ケビン、私はあなたの新しい製品ラインが素晴らしいと確信しています。一緒に大成功を収められることを願っています。

ケビン　　いろいろと考える材料をいただきました。これは私たちにとってまったく新しいアプローチです。レポートに目を通して、チームと一緒にこの提案の詳細について話し合いたいと思います。

LANGUAGE FOCUS

- **envision:** 将来の可能性として想像してみる

- **position:** 動詞のpositionはモノの物理的な位置を指します。また、ダイアローグのように、戦略的な意味で比喩的に使うこともあります。たとえば、I need to position myself as an attractive candidate for this job.（この仕事に魅力的な候補者として自分を位置づける必要がある）は、自分を候補者として推薦する準備をすることを意味します。

- **capitalize on...:** …を最大限に利用する
    - I need to **capitalize on** this opportunity to speak with the hiring manager.
    採用担当者と話す機会を最大限に利用したい。

- **personally acquainted:**「個人的なレベルで誰かを知っている」。この表現は仕事上の知り合い以上の意味合いがあり、より親近感や親密さを示唆します。単にI'm acquainted with John.（ジョンと知り合いだ）と言うと、ジョンのことをよく知らない、あるいは親しくないことを示唆します。また、知り合いだが親しくはない人を指すときは、a friendではなくan acquaintanceという表現を使います。

- **not only (A) but also (B):**「(A)だけでなく(B)も」。(A)は予想されていた普通の事柄ですが、(B)は一般的ではない、予想していなかった事柄です。
    - **Not only** did I meet the manager, **but** I was **also** offered the job.
    マネージャーに会っただけでなく、仕事もオファーされた。

企業の価値観に合わせて話し方を調整する

英語には、Now you're speaking my language!（話が合いますね）という表現があります。my languageとは、英語や日本語のような言語ではなく、自分が強く同意するアイデアや感情のことを指します。

例：

A: We should do something totally different next quarter.

次の四半期はまったく別のことをするべきだ。

B: Hey, **now you're speaking my language!** I have some ideas for a new product.

その通り、**私も同感です！**　新製品のアイデアがあります。

さて、企業には強い思い入れのあるアイデアやコンセプトがあります。これをcore values（コアバリュー）と呼びます。企業は、意思決定や企業文化の指針となるようなコアバリューを決定し、ウェブサイトのAbout Us（会社情報）やCareers（採用情報）のページで公開したり、プレゼンテーションで触れたりしています。コアバリューは、幅広い概念である場合がほとんどです。時には、コアバリューに補足説明がつき、その概念をどのように業務で実践しているかを詳しく定義することもあります。企業のコアバリューと、詳細な定義の例を示しましょう。

例：

コアバリュー	補足説明
Innovation イノベーション	We are committed to continuously improving our products and services to help our customers. お客様のお役に立てるよう、製品とサービスの継続的な改善に取り組みます。
Quality 品質	For over 30 years, we have built a reputation on quality. Superior quality is not just our goal. It is our promise. 30年以上にわたり、品質に定評を築いてきました。優れた品質は私たちにとって、単なる目標であるだけでなく、お約束です。

私たちが面接に挑むときや、クライアントと話すとき、相手の企業のコアバリューがわかっている場合は、そのコアバリューを反映するように話し方を調整してみましょう。このプロセスをspeak the company's language（会社の言語を話す）と呼びます。次に、架空の会社の品質のコアバリューを使用したプロセスを見ていきましょう。これを3つのステップで行います。

手順1：コアバリューの選定

Innovation （イノベーション）	Integrity （誠実）	**Quality** **（品質）**	Education （教育）

手順2：同義語を考える

辞書や類義語辞典を使って、企業のコアバリューの同義語を調べます。相手企業のコアバリューだけでなく、その同義語も説明文に盛り込んで、その概念を認識できていることを相手に伝えるとよいでしょう。たとえばセールスなどの際、I know that your company values quality. That appeals to me because... (御社は品質を重視していることを存じ上げております。それが私にとって魅力的な理由は…) のように述べます。

手順3：実践方法のカスタマイズ

その企業がコアバリューやそれに関連するその他重要なアイデアをどのように説明し、解釈しているかを確認しましょう。この解釈のコンセプトを取り入れて話し方を調整します。直接話すときだけでなく、プレゼンテーションの資料やカバーレターなど、顧客向けの資料に織り込むこともできます。

Company Statement (相手の会社のウェブサイトなどの情報を確認する)	For over 30 years, we have built a **reputation**♣ on quality♦. Superior quality is not just our **goal**♥. It is our **promise**♠. 30年以上にわたり、私たちは品質♦に定評♣を築いてきました。優れた品質は私たちにとって、単なる目標♥であるだけでなく、お約束♠です。
↓	↓同義語を盛り込んだ話し方にする (この例では♦♥♣♠の4種類)
Customized Statement (相手の会社に合わせて話し方を調整する)	I always **aim for**♥ excellent results♦. 素晴らしい結果♦を常に目指して♥います。 No doubt you'll agree that good craftsmanship♦ is important. 優れた職人技♦が重要であることは間違いありません。 I'm **committed**♠ to a high caliber♦ of service. 高品質♦のサービスの提供に取り組んで♠います。 I'd like to **be known as**♣ someone who has a good character♦. 性格♦のいい人と見なされ♣たいです。

人間関係構築の重要性

　北米のビジネス界では、たとえシニアレベルであっても、交渉やセールスコール
は、他の地域と比較して驚くほどカジュアルです。その理由の1つは、既存顧客や見
込み顧客との関係構築に重点を置いているからです。

　特にセールスの場面では、人間関係構築は、多くの企業が最も重視する要素となり
ます。たとえば営業マネージャーの職務内容には、次のような記述が含まれている場
合があります。

- Establish and maintain relationships with existing customer accounts
  既存顧客との関係構築と維持

　顧客との関係構築を中心に考えて、ビジネスプロフェッショナルは礼儀正しい態度
とカジュアルな雰囲気の間でバランスを取っています。適切なバランスを取るために、
次の4つの基本原則を覚えておくと便利です。(少なくとも北米では) コーヒーショッ
プでカジュアルなビジネスミーティングを行うことがよくあるため、**c.a.f.e.**で覚え
ておきましょう。

	良い例	悪い例 (カジュアルすぎ)
Clear (クリア)	I'm available on Friday from 1:00 PM to 4:00 PM. What time works for you? 金曜日の午後1時から4時まで空いています。いつがご都合よろしいでしょうか。	I can meet you sometime on Friday. 金曜日なら会える時間があります。
Appropriate (適切)	I enjoyed the golf event. You hit some great shots! ゴルフイベントを楽しみました。いいショットを打ちましたね！	You hit some crazy shots! Man, that hole-in-one was wild! クレイジーショットでしたね！　あのホールインワンはすごかった！
Friendly (フレンドリー)	Thanks for making time for me. I appreciate it! お時間を割いてくださってありがとう。感謝します！	Hey, that meeting was great. We should hang out more often. あのミーティングは素晴らしかった。もっと頻繁に会おうよ。
Expert (エキスパート)	I confirmed that the product has a 10-year warranty. 製品の保証期間が10年であることを確認しました。	I think the warranty is really long. 保証期間はとても長いと思います。

　悪い例の話し方の例は、過度にカジュアルになっています。関係構築に重点を置く
業界で働く場合は、誰とでも友達になろうとするのではなく、誰にでもフレンドリー
に接するのがよいでしょう。

Chapter

12

1年を振り返って

この1年、いろいろなことがありました。日本を離れて、アメリカで新たなキャリアをスタートするという潤の決断は大きなリスクでしたが、振り返ってみて後悔はありません。確かに、簡単にはいかないこともありましたし、いくつかの挫折も経験しました。成長と成功への道は、険しいものです。しかし、潤は貴重な経験を積んできました。新しいビジネス関係も築きました。キャリアを進めるにつれて、多くの新しい挑戦が待ち受けていることは間違いありません。しかし、それはまたの話です。

STORY

EPISODE 12.1 🔊 Track 40
出張の帰り道

The tradeshow was exhausting but successful. Jun and Lauren will be busy after they get back to New York. Several new clients agreed to work with JMKY Marketing. With their work at the tradeshow complete, they returned to the Los Angeles International Airport. A while before their flight, they are walking through the terminal.

Lauren   **My feet are killing me! I don't think I've sat down since we left New York!**

Jun   **Tell me about it.**

Lauren   **Oh, but I guess it's worth it. We left it all on the field.**

Jun   **Huh, what do you mean?**

Lauren   **I mean that we did our very best. No matter what happens, we have nothing to regret.**

Jun   **You're right. You did a great job in that presentation, Lauren.**

Lauren   **Hey, back at you.**

Jun   **Thanks. You know, it's been about one year since I left Japan.**

Lauren   **Wow, time flies. It seems like just yesterday that you joined the company.**

Jun   **I know. It's been a steep learning curve. But along the way, I've learned a lot. I wouldn't change anything.**

Their conversation is interrupted by an alert on Jun's cellphone.

278

STORY

この展示会で疲れ果ててしまいましたが、成功に終わりました。潤とローレンはニューヨークに帰ってから忙しくなりそうです。新しいクライアントも数社獲得できました。展示会での仕事を終え、2人はロサンゼルス国際空港に戻りました。飛行機に乗る少し前に、2人はターミナルを歩いています。

ローレン 足が痛い！　ニューヨークを出発して以来、一度も座ってない気がするわ！

潤 その通り。

ローレン まあ、でも、価値があったと思う。すべてを現場に残したわ。

潤 え、どういう意味？

ローレン ベストを尽くしたっていう意味よ。何が起こっても、後悔することは何もないわ。

潤 その通り。あのプレゼンではよくやったよ、ローレン。

ローレン あなたこそ。

潤 ありがとう。僕が日本を離れてからもう1年が経とうとしている。

ローレン わあ、時間が経つのは早いね。潤が入社したのは昨日のことのように思える。

潤 その通り。学ぶことの多い日々だったけど、収穫は大きかったよ。何も変えようとは思わない。

2人の会話は、潤の携帯電話のアラートによって中断されます。

STORY

Lauren　Work never stops.

Jun　Oh, it's an email from Deborah. Lauren, good news! Peller Timepiece has agreed to our proposal! They want us to manage all their advertising!

Lauren　We did it! Well, now we're going to be really busy when we get back! We should celebrate! Hey, there's an ice cream parlor over there! Let's go! It's my treat!

Jun　Sounds good! I wonder if they have any matcha ice cream.

ローレン　仕事に終わりはないわ。

潤　ああ、デボラからのメールだ。ローレン、良い知らせだ！ Peller Timepieceは僕たちの提案に同意してくれたよ！　すべての広告の運用を委託してくれたって。

ローレン　やったわ！　さて、戻ったら本当に忙しくなるわね！　お祝いしましょう！　あそこにアイスクリーム屋さんがあるわ！　行きましょう。私のおごりよ！

潤　いいね！　抹茶アイスはあるかな。

LANGUAGE FOCUS

- **We left it all on the field.:** 私たちは最善を尽くしました。

- **Back at you.:** 「あなたこそ」。褒め言葉に対して返す言葉です。相手に対して同様に賞賛します。何気ない表現で、youはしばしばyaと短縮されます。

- **Time flies.:** 時が過ぎるのは早い。

- **a steep learning curve:** 急なカーブで、学ぶことが多いということ。多くの新しいことを短期間で学ぶ必要がある、挑戦的なプロセス。

- **my treat:** 「私のおごり」。treat（動詞）は他の人の分を支払うことを意味します。I'll treat you. やIt's on me. と言うこともできます。

同僚への褒め言葉

うまくいった仕事について同僚を褒める言い方はたくさんあります。次に例を示します。

You did a good job on... Nice job on... (…はとても良かったよ)	this report.（このレポート） that project.（そのプロジェクト） your presentation.（君のプレゼン） this work.（この仕事）
Great work today.（今日は素晴らしかった）	
Excellent work!（よくやった！）	

「thank-you note」と呼ばれる感謝のメモを残す方法もあります。メールでお礼のメッセージを送ることもできますし、手書きのメモなら、より温かみのあるものと見なしてもらえます。いずれの場合も、通常メッセージは短いものにします。相手に感謝する理由について触れる場合もあります。

感謝のメモの例

Dear Deborah,

I just wanted to say thanks for all your support. Our business trip to Los Angeles was a great success. Lauren and I couldn't have succeeded without your guidance. I'm looking forward to another great year with our team!

Best regards,
Jun

デボラ様

あなたのサポートに感謝します。ロサンゼルスへの出張は大成功でした。ローレンと私は、あなたのご指導なしには成功できなかったでしょう。今年もチームとの素晴らしい1年を過ごしたいと思います！

よろしくお願いいたします。
潤

Cultural Note

旅行のお土産

　日本では、出張や休暇から戻ったときに同僚によくお土産を渡しますが、北米のビジネス文化では一般的ではなく、期待されてもいません。お土産を渡すことが不適切なわけではありませんし、旅先からのちょっとしたお土産を渡せば、同僚は好意的な反応を示すでしょう。でも「絶対買わなければいけない」とプレッシャーに感じなくても大丈夫です。

　同僚との関係によっては、休暇中に撮った写真を見せることもできます。結束の固いチームでは、最近の休暇や出張の写真を、職場のグループチャットに投稿することがあります。そのような写真を投稿したことがない場合は、投稿する前に許可を求めるのが賢明かもしれません。仕事に直接関係ないかもしれませんが、同僚があなたをどう見るかに影響を与える可能性があります。

WATERCOOLER TALK

職場で多言語を使用する利点

　仕事の世界はますます多様化しています。国際的にビジネスを展開しようとする企業には、通訳者、翻訳者、ローカリゼーションの専門家、多言語のスタッフが必要です。特に、欧米の多国籍大企業では、こういった状況がよく見られます。英語を学ぶ日本語スピーカーとして、あなたにはユニークな利点があることを意味します。(→p. 159参照)

　企業が求人広告を出す際には、言語要件に関する情報を含めることがよくあります。これは通常、[Required Skill 必要なスキル]、[Position Requirement ポジション要件]、または同様の見出しの下に表示されます。他の言語を話す能力がそのポジションに不可欠であるならば、それは通常、職種名に含まれています。たとえば、「English/Japanese Customer Service Manager」と求人広告に記載されることがあります。地域によっては、求人広告に「バイリンガル」が要件として記載されている場合があります。このバイリンガル要件は、場所によって意味が異なることに注意してください。アメリカでは、英語とスペイン語のバイリンガルを意味するかもしれません。カナダでは、英語とフランス語のバイリンガルを意味します。ヨーロッパでは、英語と他の地域の言語でバイリンガルであることを意味するかもしれません。

　特にバイリンガルの多い企業では、社員向けの語学研修が会社負担になる場合があります。たとえば、カナダのモントリオールにある多くの企業では、必要に応じて社員がフランス語の研修を受けるように手配することがよくあります。どこで働いていても、会社が語学研修をサポートしているかどうかを尋ねるのは良いアイデアかもしれません。

　最終的に、言語学習の責任は学習者にあります。つまり、言語が上達するかはあなた次第です！　英語学習で成功するための秘訣を覚えておいてください。(→p. 14)

1. 英語を学んでいる理由を理解する
2. 英語を勉強し続ける
3. 学習したことを使う

　本書では多くのテーマを取り上げてきました。皆さんが学んだことのいくつかを使って、職場でより自信を持って英語を話せるようになることを願っています。それほど難しくないと自分自身に言い聞かせましょう。英語を使いましょう！　諦めないで頑張ってください！

INDEX

A

a brief hold	172
a clear picture	222
a real success	255
a steep learning curve	280
account	67
And how about your greatest weakness?	33
Are we talking (about)...?	222
as a matter of fact	124
asset	18

B

back at square one	111
Back at you.	280
barge in	210
Basically, what I'm saying is...	189
besides	246
big name	218
blindsided	206
block of rooms	250
blur together	76
bothersome	242
by zone	246

C

call in some favors	255
Call me Deborah.	27
capitalize on...	273
Charles Prescott.	46
check in	250
chime in	234
climb the corporate ladder	111
come off empty-handed	128
come on	140
commensurate with...	151
conceptual	234
convert	230
core	76
Count me in.	158
cut-throat industry	98

D

decent	140
decision-maker	230
die of thirst	119
display	218
dive into...	218
do one's homework	57
Do you follow baseball much?	57
don't know the first thing about...	146
Don't mention it.	92
drag ... out	206

E

edge	146
envision	273
Everyone's brain is fried.	158
evident	268

F

fall in love with...	98
feel right	163
fly solo	255
folks	258
..., for sure	198
For what it's worth	206
from the ground up	98

G

get back to ... shortly	39
get right to the point	210
get shot down	67
get thrown in the deep end	58
give a rundown	230
give credit where credit is due	151
Go ahead.	151
go back to the drawing board	111
go way back	184
Got it.	234
grab	242
growing pains	136

H

have got ...'s back	198
have it all	57
head up...	218
hit	140
hit the nail on the head	80

283

How can I help you? 172

I

I can't thank you enough. 98
I could do Friday morning.   172
I guess 158
I'm afraid (that)...................................... 258
I'm not convinced that would work. 76
I've got it. 80
If I understand what you're saying 189
in development 268
in due course 151
in good company 46
in the long run 80
indebted to... 210
inform... 136
It seems like... forever. 255
It's a pleasure to meet you. 27
It's about who you know. 189

J/K

Jennifer Cook. 172
Just think. 210
K 242
Keep your chin up. 198
Knowing... 111

L

land a job 111
launch 268
Likewise. 128
Listen up. 46
Look 92
look up to... 206

M

make one's case.................................... 151
miss 140
My pleasure. 250
my treat 280

N

naïve 194
No kidding. 119
no less 246
No pun intended. 119
No worries. 222

not only (A) but also (B) 273
noteworthy 136
Now is as good a time as ever. 128
Now we need to deliver. 246

O

Oh, that's interesting. 57
Oh, that's too bad. 57
on the fly 230
on the right track.....................................76
one's team 39
open it up to some Q & A 218
... or what? 124
overcharge 163
overpromise 163
owe ... one 92

P

party 250
pass 163
pass it back to... 234
pass over 194
pay dividends 140
pay through the nose.............................. 124
personally acquainted 273
pick ... back up 158
pitch 33
play one's cards right 206
Please bear with us/me. 222
poach 194
position 273
pull 230
put ... on the map 67
put one's heads together 67

R

required 18
rip off... 146

S

Say 92
see eye to eye 268
Settle down. 218
settle in 136
shoot for... 140
Something tells me................................. 206
Speaking of... 57

splendid 184

stab ... in the back 198

step up 18

stick 242

sum ... up 189

sure 250

swamped 258

T

tagline 80

take 140

Take it away. 230

take one's business elsewhere 163

talent 146

talk shop 57

Ta-ta. 194

Tell me about a time when... 33

Tell me about it. 198

Tell me about yourself. 27

That's a fair assessment. 268

That's it for me. 234

the green light 80

the least I could do 92

the nerve 198

the next steps 33

the other party 268

The pleasure's mine. 33

The rest is history. 98

The rumor is... 111

The way I see it 67

the way to go 234

think with one's stomach 128

through the roof 67

ticket 18

Time flies. 280

tiny 184

To be frank 163

To make a long story short 33

turn around 210

U/V

um 119

vendetta 194

W

walk ... through ～ 222

Watch out! 92

We left it all on the field. 280

We'll be in touch. 33

We're set. 222

Welcome aboard. 46

well-acquainted 258

What do you say? 163

What would you do if...? 33

What's on your mind? 151

What's the deal? 124

What's your greatest strength? 33

What's your greatest weakness? 33

When it rains, it pours. 111

Who does he think he is? 198

Who may I say is calling? 172

whoa 39

Y

You know 111

You know what? 158

You must be my 10 o'clock appointment. ...27

You snooze, you lose. 39

Your 10 o'clock is here. 184

your people 163

著者略歴

ジャスティン・マシューズ (Justin Matthews)

1984年カナダ生まれ。マニトバ大学卒業。英語教授法資格CELTA (Pass A) 取得。

来日して東京で英語講師を務めた後、アメリカやカナダでセールスおよび顧客マネジメント業務に長年携わり、北米中を飛び回る。その経験を活かし、2019年以降は語学教育に従事し、専門職向けのビジネス英語や、移民・難民向けの英語教育に携わる。

現在は英語教育業務と英語学習コンテンツ制作を行っている。

● ウェブサイト：www.jmprogress.com

〔翻訳〕Kyoko Yamagata

ジャスティン先生が教える　英語ネイティブたちのビジネス英会話

2025年 5月1日　第1刷発行

著者　　ジャスティン・マシューズ

発行者　小野田幸子

発行　　株式会社クロスメディア・ランゲージ
　　　　〒151-0051 東京都渋谷区千駄ヶ谷四丁目20番3号
　　　　東栄神宮外苑ビル　https://www.cm-language.co.jp
　　　　■本の内容に関するお問い合わせ先
　　　　TEL (03)6804-2775　FAX (03)5413-3141

発売　　株式会社インプレス
　　　　〒101-0051 東京都千代田区神田神保町一丁目105番地
　　　　■乱丁本・落丁本などのお問い合わせ先
　　　　FAX (03)6837-5023　service@impress.co.jp
　　　　※古書店で購入されたものについてはお取り替えできません。

カバーデザイン	竹内雄二
本文デザイン	都井美穂子
本文イラスト	三重野愛梨
DTP	株式会社ニッタプリントサービス
編集協力	山本眞音、吉田菜利、保田百合香、菅野紗礼、長沼陽香
ナレーション	Katie Adler, Eric Kelso, Hannah Grace, Steve Wiley

画像提供	mariakray / PIXTA、まちゃー / PIXTA
録音・編集	TMTレコーディングスタジオ合同会社
印刷・製本	中央精版印刷株式会社

ISBN 978-4-295-41091-1 C2082
©Justin Matthews 2025
Printed in Japan

■本書のコピー、スキャン、デジタル化等の無断複製は、著作権法上での例外を除き禁じられています。本書を代行業者等の第三者に依頼して複製することは、たとえ個人や家庭内での利用であっても、著作権上認められておりません。

■乱丁本・落丁本はお手数ですがインプレスカスタマーセンターまでお送りください。送料弊社負担にてお取り替えさせていただきます。

この本を読んだ方にお薦めの1冊

プレゼンの必須英語表現、資料作成やプレゼンのノウハウ、オンラインプレゼンでの段取りまで

『ロジカルに伝わる 英語プレゼンテーション』

著者 江藤 友佳　　定価 2,508円（本体2,280円＋税10%）

外国人向けの英語プレゼンで意識すべきノウハウを、プレゼンテーション講師の著者がまとめた本。
英語のプレゼンテーションは、話の構成力×英語力×プレゼンスキルで完成します。
本書は英語プレゼンでよく使う表現が豊富なのに加え、英語プレゼンで心得ておくべきコツもたっぷりご紹介します。
英文スライドのテンプレートをダウンロードして使えるのに加え、研修で使われるような模擬プレゼンの演習ページもあり、初心者でもプレゼンに取り組みやすい内容です。
あなたの英語プレゼンの即戦力になるのは間違いありません。音声mp3ファイル無料ダウンロードつき。